Martha
Höfler

Kreative Kissen

Einfach häkeln

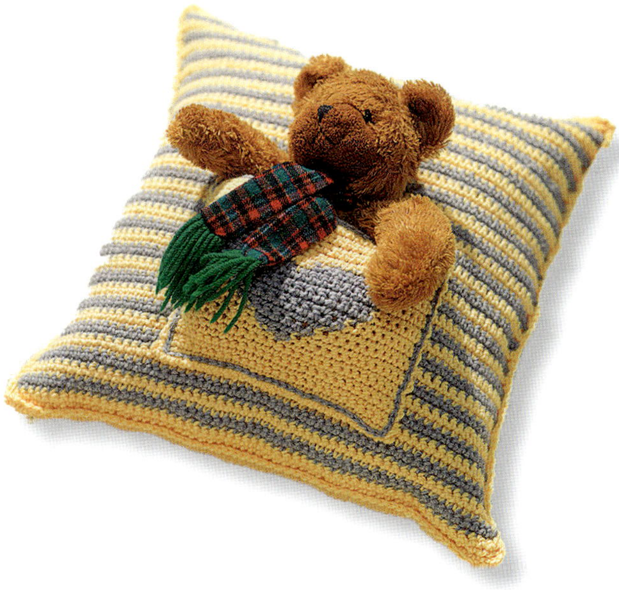

Leopold Stocker Verlag
Graz – Stuttgart

DANKSAGUNG

Ein herzliches Dankeschön an die

HAUSMANN-Multikauf GmbH & Co KG,
Brown-Boveri-Straße 10, 2351 Wiener Neudorf,

von der sämtliche Materialien, die in diesem Buch angeführt sind, bezogen wurden.

Außerdem ein herzliches Dankeschön an die

XXXLutz KG Möbelhaus,
Hubatsch Straße 4, 2345 Brunn am Gebirge,

die uns das Einrichtungshaus für mein Fotoshooting zur Verfügung gestellt hat.

Umschlaggestaltung: DSR Werbeagentur Rypka GmbH, 8143 Dobl/Graz, www.rypka.at

Titelbild: Stephan Friesinger, Graz, www.free-c.org
Bildnachweis: Günter Hauer, Graz: S. 5 re., 6 oben, 8 li, 9 re, 14, 16 re, 22 oben, 27, 34, 41, 53, 66, 69, 77, 89 li, 90, 91 re, 93, 95; Stephan Friesinger, Graz: S. 6 unten
Alle anderen Abbildungen stammen dankenswerterweise von der Autorin.

Bibliografische Information der Deutschen Nationalbibliothek
Die Deutsche Nationalbibliothek verzeichnet diese Publikation in der Deutschen Nationalbibliografie; detaillierte bibliografische Daten sind im Internet unter http://dnb.d-nb.de abrufbar.

Hinweis: Dieses Buch wurde auf chlorfrei gebleichtem Papier gedruckt. Die zum Schutz vor Verschmutzung verwendete Einschweißfolie ist aus Polyethylen chlor- und schwefelfrei hergestellt. Diese umweltfreundliche Folie verhält sich grundwasserneutral, ist voll recyclingfähig und verbrennt in Müllverbrennungsanlagen völlig ungiftig.

Auf Wunsch senden wir Ihnen gerne kostenlos unser Verlagsverzeichnis zu:
Leopold Stocker Verlag GmbH
Hofgasse 5 / Postfach 438, A-8011 Graz
Tel.: +43 (0)316/82 16 36 | Fax: +43 (0)316/83 56 12
E-Mail: stocker-verlag@stocker-verlag.com
www.stocker-verlag.com

ISBN 978-3-7020-1544-2

Layout und Repro: DSR Werbeagentur Rypka GmbH, 8143 Dobl/Graz
Druck: hm•perfectprintconsult•eu

Inhalt

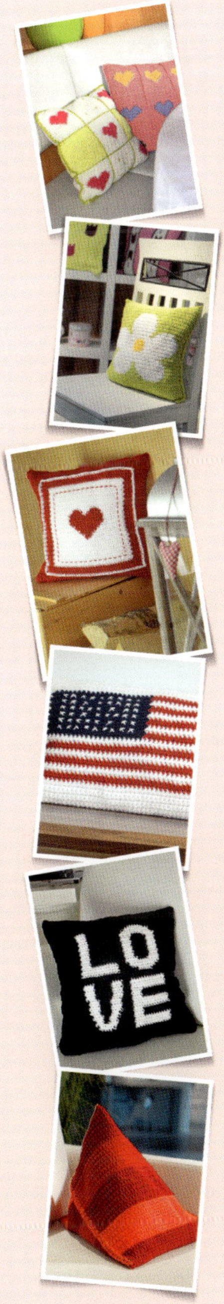

Liebe Leserinnen und liebe Leser,

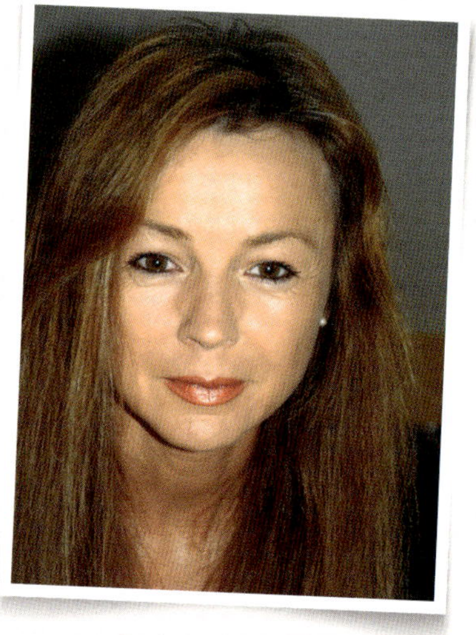

was wäre die Couch ohne Kissen? Ob für die Leseecke, zum Chillen oder nur zur Dekoration – Kissen in allen Varianten dienen dazu, den Wohlfühlfaktor zu steigern oder gezielt im Wohnraum Akzente zu setzen.
In diesem Buch zeige ich Ihnen eine etwas andere Variante des Häkelns. Und zwar das farbliche Herausarbeiten von Motiven und Mustern, nur mit festen Maschen gehäkelt. Die Kissen bekommen eine gleichmäßige Häkelstruktur und werden teilweise zusätzlich zum Farbeinsatz mit Ziernähten aufgewertet.
Die einzige Schwierigkeit liegt im Farbwechsel, der aber mit etwas Übung sehr schnell zur Routine wird. Deshalb eignet sich dieses Buch auch für alle Häkeleinsteiger, die bisher komplizierte Maschenkonstrukte eher gemieden haben bzw. die nicht unbedingt Gefallen an den gängigen Häkelmustern finden. Jedes Kissen wird einem Stil zugeordnet, um Ihnen die Auswahl zu erleichtern.
Ihr Wohnraum wird erst durch Gegenstände, die Sie lieben, richtig individuell. Kissen sind das richtige Accessoire, das Sie nach Belieben austauschen und den Trends anpassen können. Lassen Sie sich von der Vielfalt der Muster und Motive inspirieren. Haben Sie keine Angst vor einem Stilmix. Ein modernes Sofa kann mit einem verspielten Häkelkissen sehr charmant wirken. Das Auge liebt solche optischen Akzente. Wenn Sie Kinder haben, statten Sie die Kinderzimmer doch mit bunten Kissen aus, die die Fantasie anregen und als Kuschelpartner dienen.

Es muss nicht immer elegant und unifarben sein. Trauen Sie sich, Ihr Heim mit einer persönlichen Note zu unterstreichen.

Ich wünsche Ihnen viel Spaß beim Häkeln!

Ihre Martha Höfler

Die richtige Wahl

Bei den Werkstücken habe ich mich an den gängigsten Einrichtungsstilen orientiert und entsprechende Motive entworfen und farblich umgesetzt.
Ob verspielt oder lieber minimalistisch, es ist Ihre Entscheidung, welchen Stil Sie eher bevorzugen. Unter anderem ist eine geschmackvolle Kombination aus gegensätzlichen Stilen auch eine Möglichkeit, die der eigenen Einrichtung eine ganz persönliche Note verleiht.

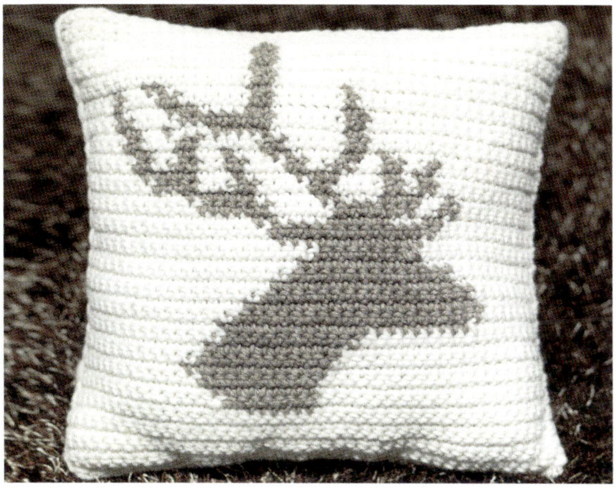

Folgende Schwerpunkte finden Sie in diesem Buch:

Skandinavischer Einrichtungsstil

Der skandinavische Stil zeichnet sich durch helles Holz und klare Formen aus. Bedingt durch die langen Nächte im Norden, lieben die Skandinavier alles Helle und Weiße. Die hellen Möbel werden mit bunten Kissen und Decken noch lebendiger. Die Skandinavier legen viel Wert auf Naturprodukte und Handarbeit, so werden in den langen Winternächten Kissen und Decken angefertigt. Neben Pastelltönen werden strahlende und ausdrucksstarke Farben bevorzugt. Dieser Einrichtungsstil erweckt stets einen frischen und fröhlichen Eindruck. In diesem Abschnitt stelle ich Ihnen liebevoll gestaltete Kissen mit unterschiedlichen Mustern in Pastell und auch in kräftigeren Farben vor.

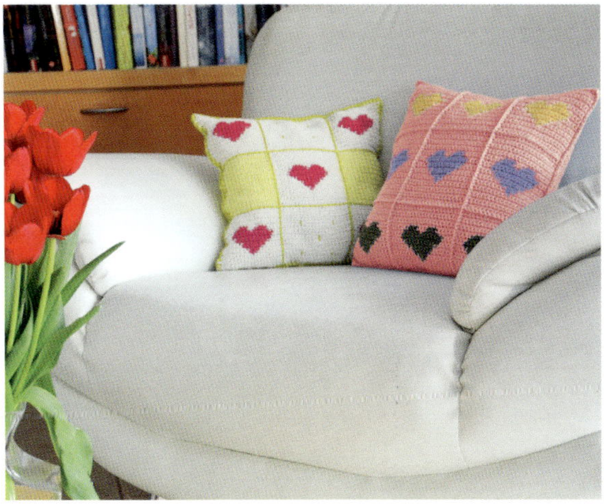

Landhausstil

In hektischen Zeiten sehnen sich viele Menschen nach dem ruhigen Leben auf dem Land. Holen Sie sich mit diesen Kissen ein bisschen Landluft in Ihr Zuhause. Der Landhausstil ist ein langlebiger Stil, der auf Rückbesinnung auf Werte, Nachhaltigkeit und Natürlichkeit baut. Aber Landhausstil ist nicht gleich Landhausstil. So unterscheiden wir, ob Sie in höheren Regionen oder im Häuschen am See leben. In raueren Regionen werden gerne neben Naturfarben frische Akzente in Rot-Weiß, Grün-Weiß und Blau-Weiß gesetzt. Kuschelige Kissen, in dicker Wolle gehäkelt, kommen dem urigen Almhüttenflair am nächsten und vermitteln schon beim Anblick wohlige Wärme, wohingegen bunte, blumige Kissen aus feinem Garn in Pastellfarben einen leichten und unbeschwerten Eindruck vermitteln und einen Hauch von Romantik zaubern.

Ideen für das Kinder- oder Jugendzimmer

Für die Kleinsten gibt es ein zauberhaftes Kuschelkissen mit einer Tasche, die sich praktischerweise ebenso zur Aufbewahrung von Taschentüchern oder vom Schnuller eignet und immer in Reichweite des Kindes ist. Auch der kleine Teddy fühlt sich tagsüber darin wohl. Für die etwas Größeren zeige ich aktuelle Ideen wie etwa das Kissen mit der britischen oder der amerikanischen Fahne.

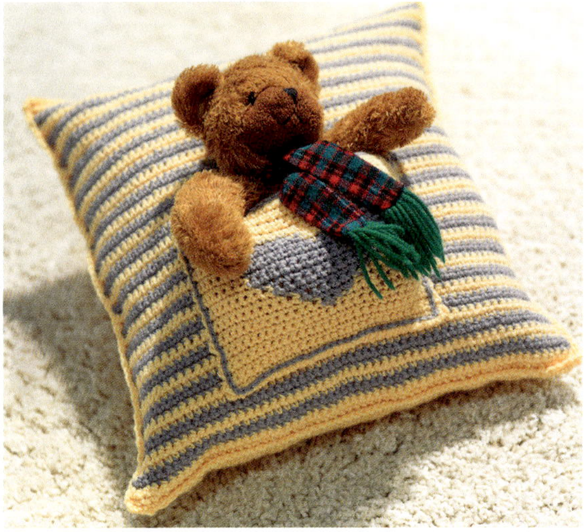

Ideen für das Kinderzimmer

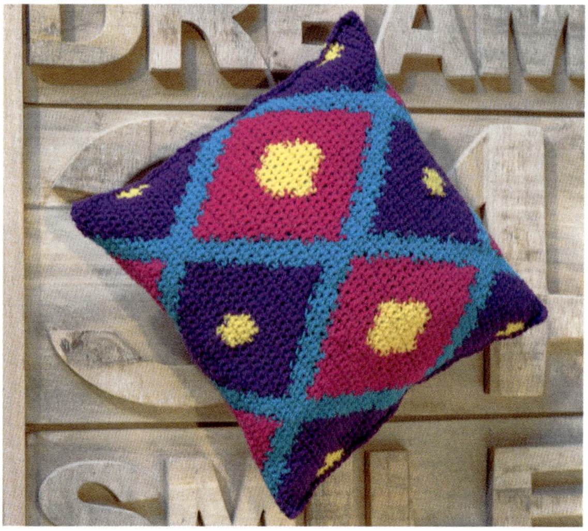

Farbenfrohe Kissen für das Wohnzimmer

Minimalistischer Stil

Der minimalistische Stil ist vorwiegend in der modernen Architektur zu finden und enthält nur das Nötigste an Möbeln und Einrichtungsgegenständen. Die Möbel verfügen über klare Formen und einen streng geometrischen Stil. Auch die farbliche Gestaltung ist spartanisch. Meist herrschen nur zwei Farben vor.

Ich zeige Ihnen in diesem Kapitel Kissen in kontrastierenden Farben, die auf das Umfeld sauber und aufgeräumt wirken und so besonders gut zu diesem Stil passen.

Trends für Ihr Wohnzimmer

Neben Kissen mit klassischem Rautenmuster zeige ich Ihnen in diesem Kapitel ein schlichtes Kissen, das mit neonfarbenen Fäden aufgewertet wurde, und ein rotes Kissen mit außergewöhnlicher Form. Diese Kissen eignen sich hervorragend für fast jedes Sofa, um damit ein farbliches Highlight in Ihrem Raum zu setzen.

„COVER-MODEL“ JULIUS

Bei all den unterschiedlichen Stilen kommt natürlich die Gemütlichkeit der Kissen nicht zu kurz. Sogar unser „Cover-Model“ Julius, seines Zeichens Zwergspitz mit Rottweiler-Selbstbewusstsein, war beim Fotoshooting für unser Titelbild von den vielen bunten Werkstücken so angetan, dass er seine guten Manieren schlichtweg vergaß und sich kurzerhand selbst vom Kuschelfaktor unserer Häkelkissen überzeugen musste. Selbstverständlich darf er normalerweise nicht auf die Couch, doch bei diesen kuscheligen Verlockungen drückte sein Frauchen ausnahmsweise beide Augen zu – und der Fotograf schnell auf den Auslöser.

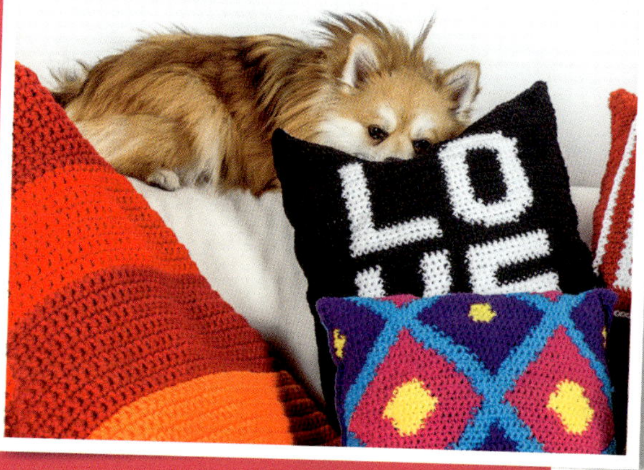

Allgemeines

Materialliste

- **Häkelnadel**

  Die Stärke der Häkelnadel ist in der Materialliste angegeben. Wenn Sie sehr locker oder sehr fest häkeln, ist es unter Umständen notwendig, die Stärke der Häkelnadel um eine halbe Nummer zu erhöhen oder zu verringern, um ein ideales Ergebnis zu erreichen. Machen Sie hierfür die Maschenprobe.

- **Wolle/Garne**

  Wolle und Garne werden in verschiedenen Stärken verwendet und mit der Farbnummer in der Materialliste angeführt.

- **Sticknadel**

  Die Sticknadel sollte stumpf sein und dient zum Vernähen der Fäden sowie für die Vorstich-Ziernaht.

- **Kissenfüllung**

  Verwenden Sie hierfür Füllwatte oder ein Füllkissen.

- **Lineal**

- **Schere**

Optimales Gelingen der Werkstücke – Abmessungen

Um ein optimales Gelingen der Werkstücke zu erreichen, empfehle ich, die beim jeweiligen Werkstück angeführten Woll- bzw. Garnstärken zu verwenden sowie die angeführte Anzahl von Maschen und Reihen zu häkeln.
Finden Sie das angegebene Originalmaterial nicht im Handel, so wählen Sie bitte ein Ersatzprodukt mit der gleichen Maschenprobe. Nur so ist gewährleistet, dass das Motiv oder Muster wie auf den Abbildungen zur Geltung kommt und die Abmessungen mit der Vorgabe übereinstimmen.

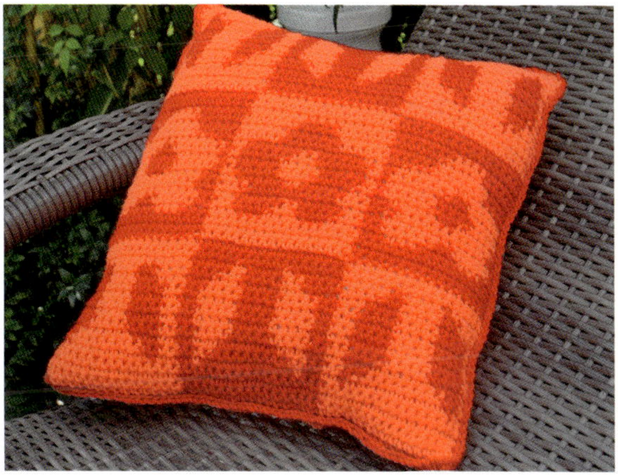

Schwierigkeitsgrad

Bei jedem Kissen ist ein Schwierigkeitsgrad mit „einfach, mittel und schwierig" angegeben. Sollten Sie noch kaum Erfahrung mit dem Häkeln bzw. mit dem Farbwechsel beim Häkeln haben, so empfehle ich Ihnen mit einem Werkstück mit Schwierigkeitsgrad „einfach" zu beginnen, um ein Gefühl für den Farbwechsel zu bekommen.
Werkstücke mit dem Schwierigkeitsgrad „mittel" umfassen bereits zusätzliche Arbeiten, wie Ziernähte aufsticken oder Arbeiten mit mehreren Farbwechseln auf kleinem Raum etc.
Werkstücke mit Schwierigkeitsgrad „schwierig" sind mit Mustern versehen, die von Beginn an einen sehr häufigen Farbwechsel verlangen. Diese Fertigkeit erlangen Sie aber sehr rasch durch die Erstellung von Werkstücken mit den vorangegangenen Schwierigkeitsgraden.

Reinigung

Die Kissen können entsprechend der verwendeten Wolle oder Garne im Wollwaschprogramm mit der Waschmaschine gewaschen werden. Genaue Temperaturangaben finden Sie auf der Banderole Ihres verwendeten Materials.
Sie können aber auch die Kettmaschennaht bzw. die Naht aus festen Maschen, beginnend beim vernähten Faden der letzten Kettmasche, auf einer Seite auftrennen. Nehmen Sie die Kissenfüllung heraus und

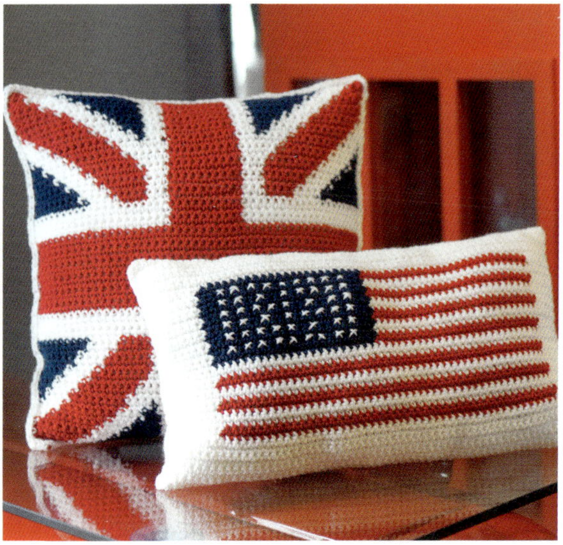

„Union Jack" und „Stars and Stripes"

waschen Sie nur den gehäkelten Überzug. Nach dem Trocknen stecken Sie die Kissenfüllung wieder in den Überzug hinein und häkeln die Seite mit dem gleichen Faden wieder zusammen.

Wolle und Garne

Ich habe die genaue Beschreibung der verwendeten Wolle und Garne bei jedem Werkstück festgehalten. Für ein Ergebnis wie auf den Abbildungen empfehle ich Ihnen, dasselbe Material wie ich hier oder Garne bzw. Wolle in derselben Stärke zu verwenden. Um dies festzustellen, finden Sie bei jedem Werkstück eine Maschenprobe. Sie können auch andere Sorten mit anderen Woll- bzw. Garnstärken verwenden, dann erhält Ihr Kissen allerdings nicht mehr die angegebenen Maße und Sie werden es nur mit Füllwatte ausstopfen können, weil die Füllkissen eine genormte Größe haben.

Wollknäuel an beiden Enden verwenden

Die Knäuel besitzen zwei Fadenenden – ein Außen- und ein Innenende. Durch den Farbwechsel bedingt, kommen häufig beide Fadenenden pro Knäuel zum Einsatz. So kann das Knäuel hängenbleiben und die zu vernähenden Fäden reduzieren sich auf ein Minimum.

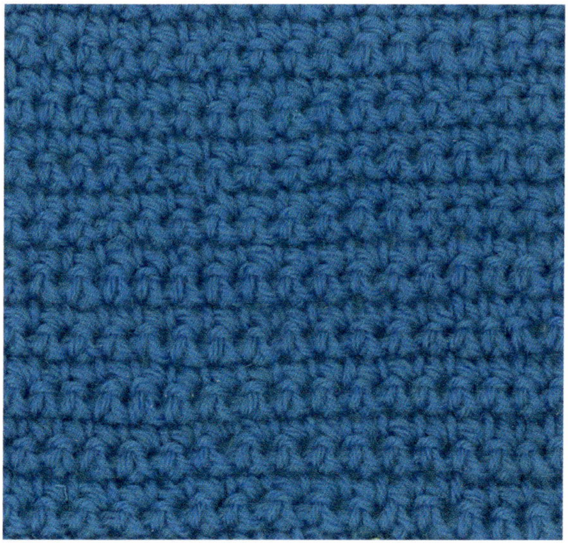

Maschenprobe mit feiner Wolle

Maschenprobe

Das Ergebnis kann davon beeinträchtigt werden, ob Sie grundsätzlich locker oder fest häkeln bzw. ob Sie die gleiche Garn- oder Wollstärke verwenden. Deshalb ist es wichtig, eine Maschenprobe zu machen.

Sie finden bei jedem Werkstück eine Maschenprobe mit dem jeweiligen Material und der jeweils angeführten Stärke der Häkelnadel mit der Abmessung von 10 x 10 cm in festen Maschen gehäkelt. Die dafür nötige Maschen- und Reihenanzahl finden Sie bei jedem Werkstück.

Fertigen Sie ebenfalls eine Maschenprobe mit der von mir angeführten Maschen- und Reihenanzahl an, damit Sie sehen, ob Ihre Maschenprobe mit den Angaben im Buch übereinstimmen. Stimmt die Maschenprobe überein, können Sie sofort mit dem Werkstück beginnen.

Sollte die Maschenprobe kleiner als die Angabe sein, obwohl Sie die in der Materialliste angeführte Stärke verwendet haben, so nehmen Sie eine etwas dickere Häkelnadel als angegeben. Sollte die Maschenprobe größer sein, obwohl Sie die in der Materialliste angegebene Stärke verwenden, so reduzieren Sie die Stärke der Häkelnadel und wiederholen Sie den Vorgang, bis die Maschenproben übereinstimmen.

Häkeln Sie auf jeden Fall mit der angegebenen Maschenanzahl und der Anzahl der angeführten Reihen,

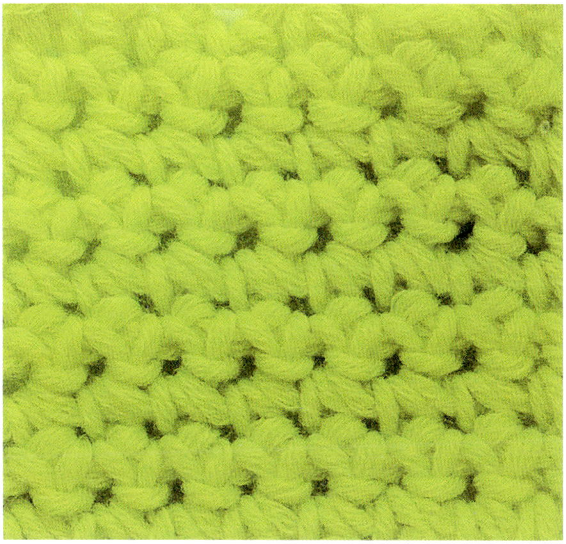

Maschenprobe mit grober Wolle

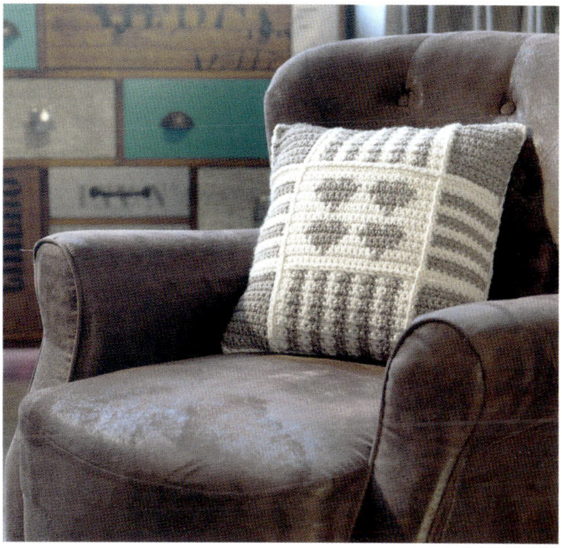

Dekoration trifft Gemütlichkeit

da jedem Muster bzw. Motiv eine genaue Maschenanzahl zugrunde liegt bzw. die Vorlage genau auf die angegebenen Maschen und Reihen ausgerichtet ist. Bei einigen Werkstücken weicht die Anzahl der Maschen und der Reihen geringfügig von der Maschenprobe ab. Dies ist auf die Motive bzw. Muster zurückzuführen und so gewollt. Die geringfügigen Abweichungen bei den Fertigmaßen liegen daran, dass das Maschenmuster durch den Farbwechsel meist etwas lockerer gehäkelt wird.

Kissenfüllung

Sie können das Kissen entweder nur mit Füllwatte oder mit einem Füllkissen füllen. Bei wenigen Werkstücken (wie z. B. beim anthrazitfarbenen Kissen mit Neonstreifen) ist ein Füllkissen der reinen Füllwatte vorzuziehen, da das Häkelmuster eher grob und löchrig ist und die Watte sich sonst sehr rasch den Weg durch die Häkelzwischenräume nach draußen sucht. Ausnahmen sind abweichende Formen, wie das rote Kissen, bzw. abweichende Maße, wie das Kissen mit der amerikanischen Fahne oder das Kissen PEACE, bei denen eine Füllung mit Füllwatte vorzuziehen ist. Die im Handel erhältlichen Kissenfüllungen sind oftmals sehr unterschiedlich in ihrer Stärke und Flauschigkeit. Zu bemerken ist auch, dass das Werkstück dehnbar ist. Achten Sie darauf, dass die Kissen wirklich prall gefüllt sind. So kommen die Muster richtig gut zur Geltung.

Vorlage lesen

Die Vorlage zeigt in der waagrechten Linie die Anzahl der Maschen und in der senkrechten Linie die Anzahl der Reihen. Jedes Kästchen entspricht einer Masche und einer Farbe. Beginnen Sie jede Reihe mit einer Lm und häkeln Sie in der angegebenen Farbe mit fM weiter. Achten Sie darauf, dass Sie die Masche vor dem Farbwechsel bereits in der neuen Farbe abmaschen (*siehe Farbwechsel, Seite 12*).

Bei symmetrischen Motiven können Sie jede Zeile von links nach rechts häkeln. Nehmen Sie sich ein Lineal zur Hand und legen Sie dieses unter die zu häkelnde Reihe. Anschließend haken Sie die eben gehäkelte Reihe mit einem Stift ab und schieben das Lineal um eine Zeile weiter nach oben. Achten Sie darauf, dass nach dem ersten Farbwechsel Ihre Rückseite feststeht und alle Fäden bzw. Fadenenden dort verlaufen.

Bei unregelmäßigen Motiven wird die erste Zeile mit Farbwechsel immer von rechts nach links gehäkelt und anschließend wieder von links nach rechts usw. Wichtig ist, dass Sie in diesem Fall beim ersten Farbwechsel die Fäden nach hinten klappen. Somit haben Sie Ihre Kissenrückseite bestimmt, auf der Sie nun alle Fäden bzw. Fadenenden verlaufen lassen. So wird das Motiv (z. B. ein Schriftzug) richtig auf Ihr Kissen übertragen. Zur Erleichterung sind die Vorlagen mit Pfeilen versehen, so sehen Sie genau, von welcher Seite die jeweilige

Reihe zu häkeln ist. Außerdem wird bei den betreffenden Werkstücken in der Anleitung darauf hingewiesen. Die Buchstaben „v, „V" stehen für die Ziernähte bzw. Ziermaschen, die zuletzt auf die Kissen aufgehäkelt werden.

Luftmasche

Hierzu legen Sie den Faden als Umschlag um die Häkelnadel und ziehen diesen durch die Masche (*Abb. 1*).

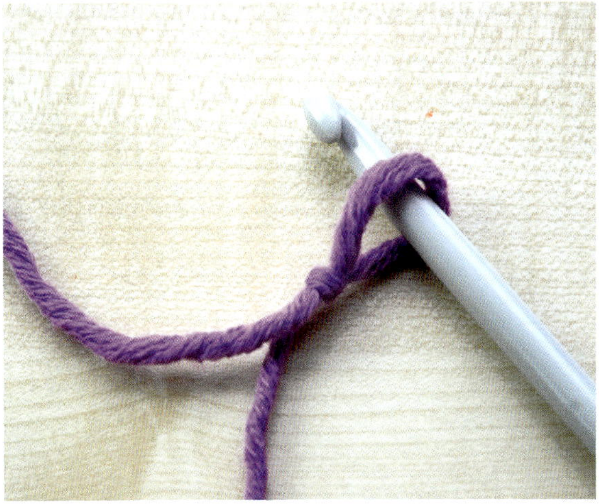

***Abb. 1:** Die Luftmasche ist fertig.*

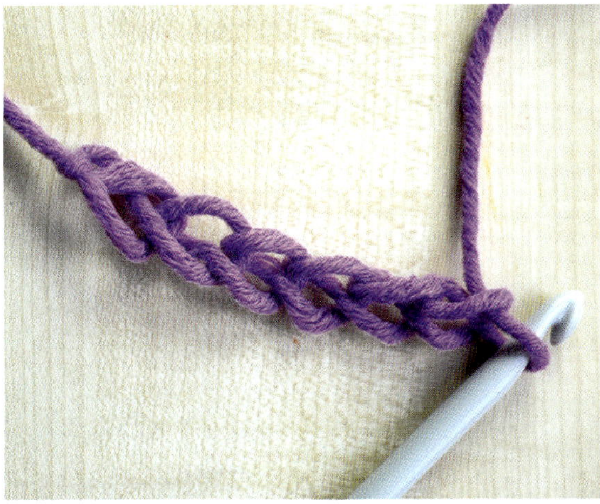

***Abb. 2:** Luftmaschenkette*

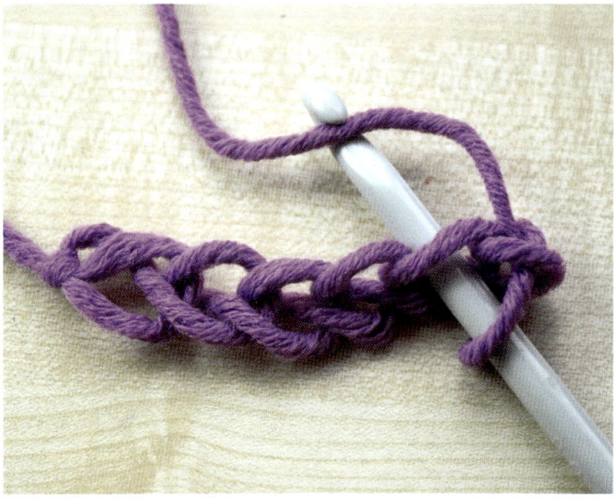

***Abb. 3:** Feste Maschen 1. Schritt*

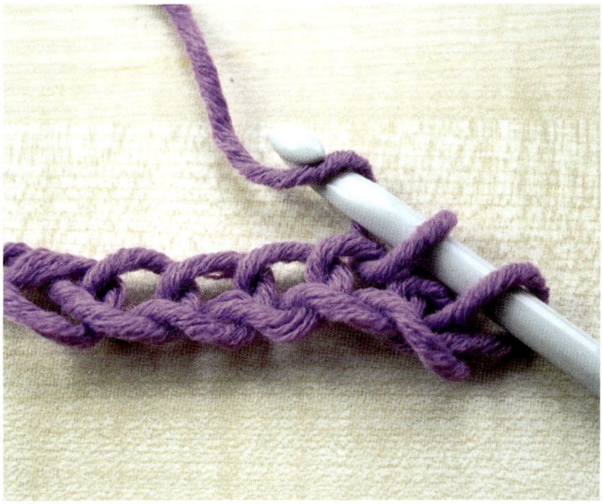

***Abb. 4:** Feste Maschen 2. Schritt*

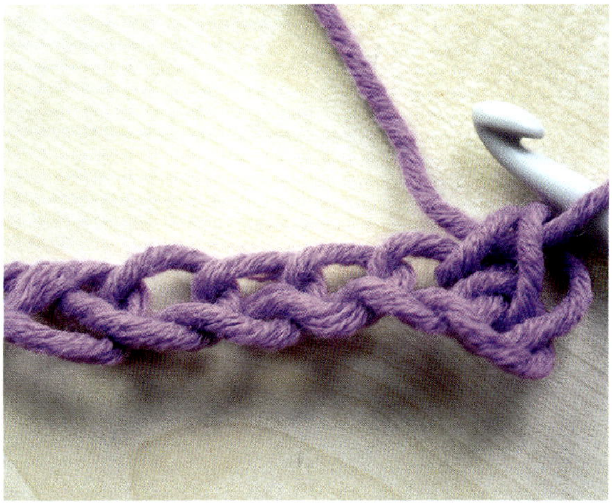

***Abb. 5:** Feste Maschen 3. Schritt*

Luftmaschenkette

Am Beginn jedes Kissens wird eine Luftmaschenkette gemacht, indem Sie fortlaufend die genannte Anzahl der Luftmaschen häkeln (*Abb. 2*).

Feste Masche

Alle Kissen in diesem Buch werden mit festen Maschen gehäkelt. Machen Sie am Beginn eine Luftmasche. Schieben Sie anschließend die Häkelnadel durch die erste Luftmasche der Luftmaschenkette und holen Sie den Faden (*Abb. 3*). Ziehen Sie diesen durch die Luftmasche (Sie haben nun zwei Schlingen auf der Häkelnadel) und holen Sie erneut den Faden (*Abb. 4*). Ziehen Sie diesen durch beide Schlingen (*Abb. 5*). Wiederholen Sie nun diese Arbeitsschritte bis zum Ende der Reihe und wenden Sie das Werkstück.
Beginnen Sie nun erneut mit einer Luftmasche und anschließend mit einer Reihe feste Maschen. So häkeln Sie nun fortlaufend.

Kettmasche

Die Kettmasche wird bei jedem Kissenteil am Ende sowie beim Zusammenhäkeln der Teile am Anfang und am Ende verwendet.
Kettmasche am Anfang: Beim Zusammenhäkeln der Kissenteile schieben Sie die Häkelnadel unter die beiden Eckmaschen und holen den Faden (*Abb. 6*). Ziehen Sie diesen unterhalb der beiden Maschen durch (Sie haben nun eine Schlinge auf der Häkelnadel) und holen Sie erneut den Faden (*Abb. 7*). Ziehen Sie diesen abschließend durch die Schlinge (*Abb. 8*).

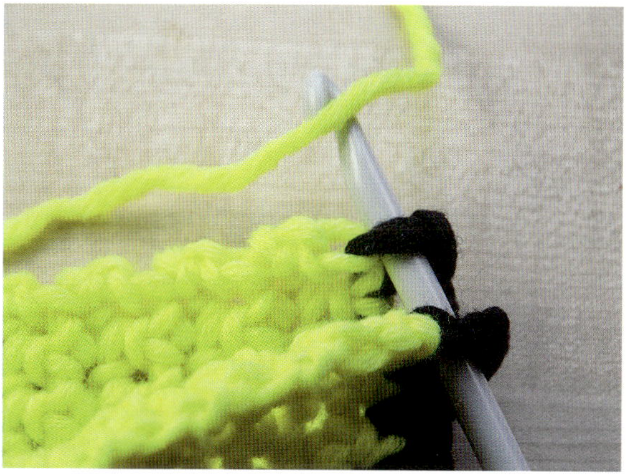

Abb. 6: *Die Häkelnadel unter die beiden Maschen schieben und den Faden holen.*

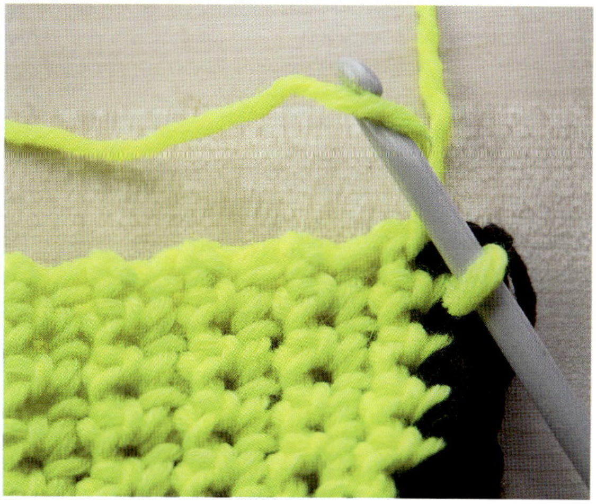

Abb. 7: *Den Faden erneut holen.*

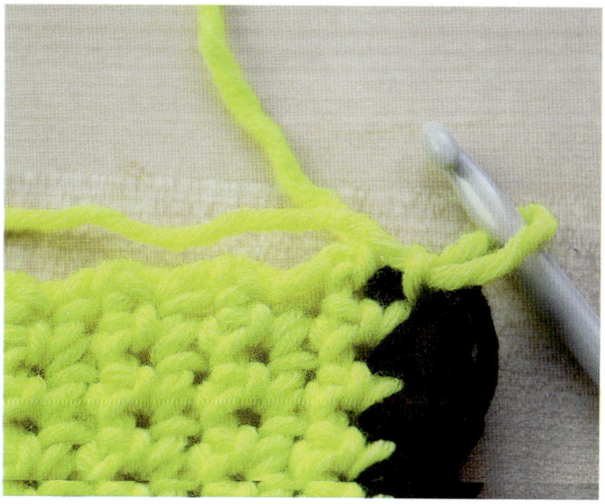

Abb. 8: *Den Faden durch die Schlinge ziehen.*

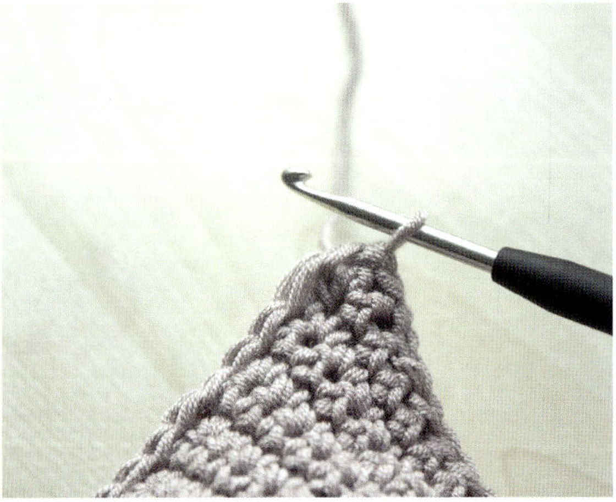

Abb. 9: *Ausgangsposition*

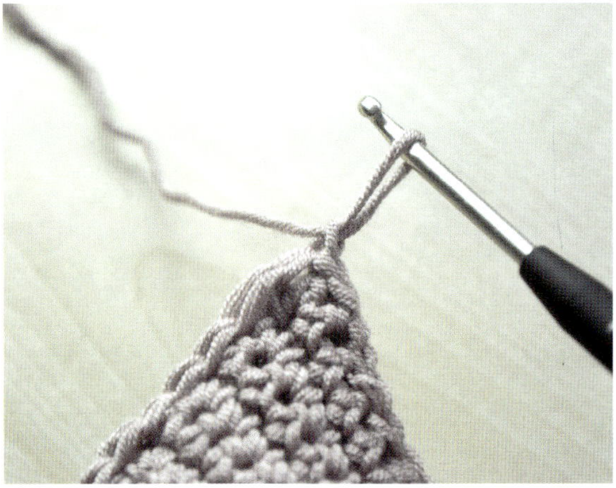

Abb. 10: *Den Faden holen und durch die Schlinge ziehen.*

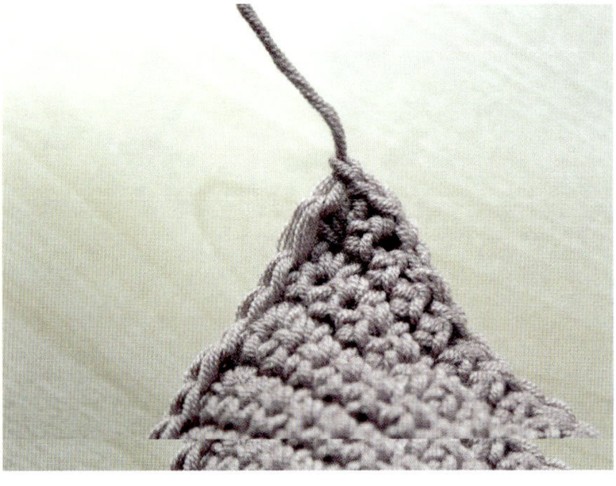

Abb. 11: *Den Faden abschneiden und durch die Masche ziehen.*

Die Kettmasche am Ende eines Kissenteiles: Am Ende eines Kissenteiles wird die Kettmasche nach der letzten festen Masche gemacht. Sie haben eine Schlinge auf der Häkelnadel (*Abb. 9*). Holen Sie den Faden und ziehen Sie diesen durch die Schlinge (*Abb. 10*). Schneiden Sie den Faden mit einer Länge von ca. 10 cm ab und ziehen diesen vollständig durch die Masche (*Abb. 11*).

Abkürzung

Im Text finden Sie nachfolgende Abkürzungen für die verwendeten Maschen:

Lm = Luftmasche
fM = Feste Masche
Km = Kettmasche

Farbwechsel

Beim Farbwechsel wird die Schlaufe der letzten Masche bereits in der neuen Farbe gehäkelt.
Ziehen Sie hierfür den ursprünglichen Faden nach hinten (*Abb. 12*), fügen Sie den neuen Faden hinzu (ebenfalls mit dem Ende auf der Rückseite, *Abb. 13*) und häkeln Sie die Schlaufe in der neuen Farbe (*Abb. 14*). Sie haben nun die Rückseite bestimmt, auf der alle Fäden verlaufen bzw. Fadenenden abstehen. Häkeln Sie nun alle Maschen nach Vorlage in der neuen Farbe.
Vor dem Wechsel zur ursprünglichen oder zu einer neuen Farbe häkeln Sie ebenfalls die Schlaufe der letzten Masche bereits in der „neuen" Farbe (*Abb. 15*). Entweder lassen Sie den Faden der vorangegangenen Farbe auf der Rückseite weiterlaufen oder Sie schneiden den Faden mit einer Länge von ca. 10 cm ab. In *Abb. 16* und *17* sehen Sie den Farbeinsatz auf der Vorderseite und den Fadenverlauf auf der Rückseite.
Um die Menge der Fadenenden zu reduzieren, ist bei den Werkstücken angegeben, wann Sie beim Knäuel auch das innere Fadenende verwenden können. Bei kleinen Segmenten kann der Faden auf der Rückseite weitergezogen werden. Achten Sie in diesem Fall darauf, dass auf der Rückseite keine Spannung entsteht. Bei mehreren Maschen ist es allerdings unerlässlich, jeden Faden abzuschneiden und nach Fertigstellung zu vernähen oder zu verknoten. Bei schwierigeren Werkstücken, wie z. B. bei Kissen mit Fahnen oder Schriftzügen, finden Sie eine Abbildung der Rückseite, um den Fadenverlauf zu sehen.

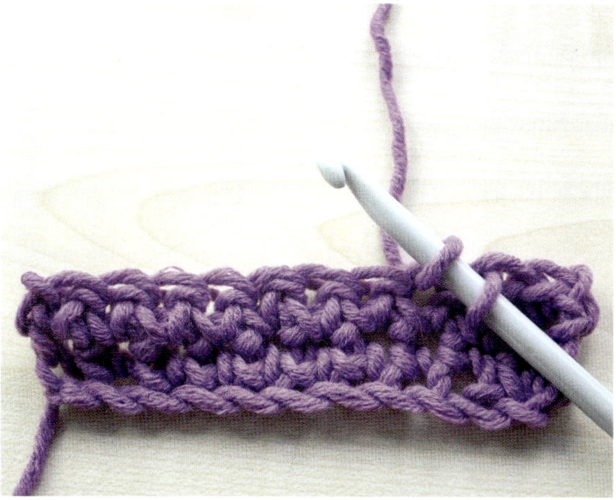

Abb. 12: *Den ursprünglichen Faden nach hinten ziehen.*

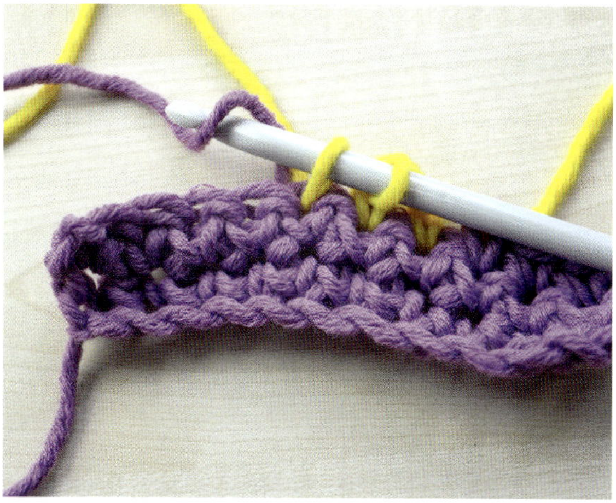

Abb. 15: *Vor dem nächsten Farbwechsel die Schlaufe wieder in der neuen Farbe häkeln.*

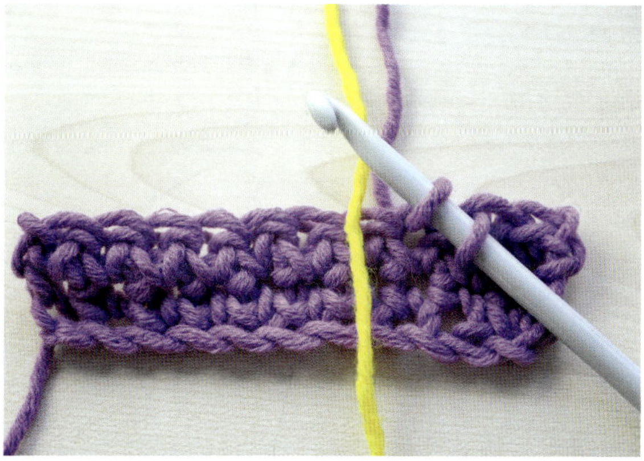

Abb. 13: *Den neuen Faden hinzufügen.*

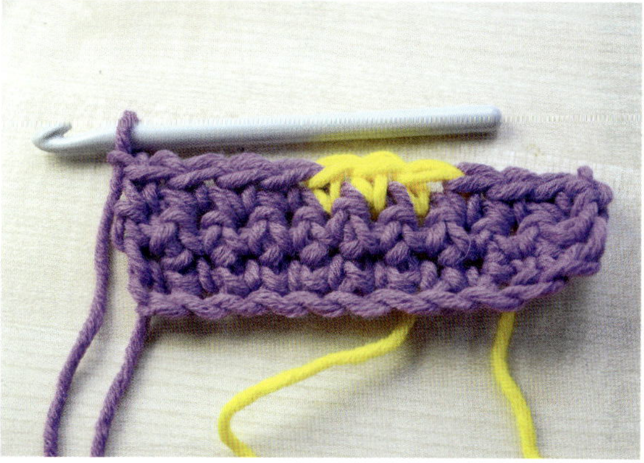

Abb. 16: *Farbeinsatz auf der Vorderseite*

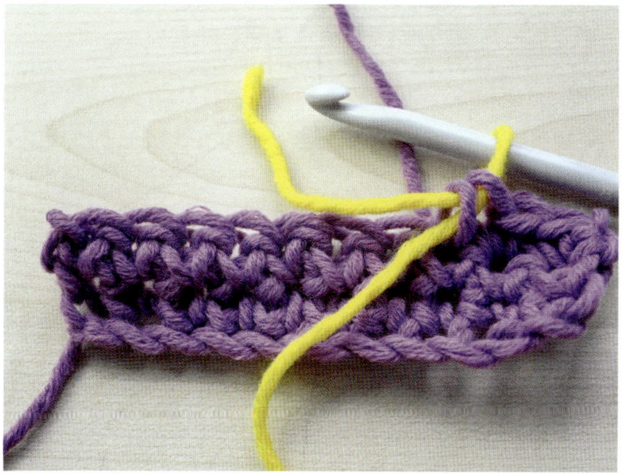

Abb. 14: *Die Schlaufe in der neuen Farbe häkeln und anschließend damit weiterhäkeln.*

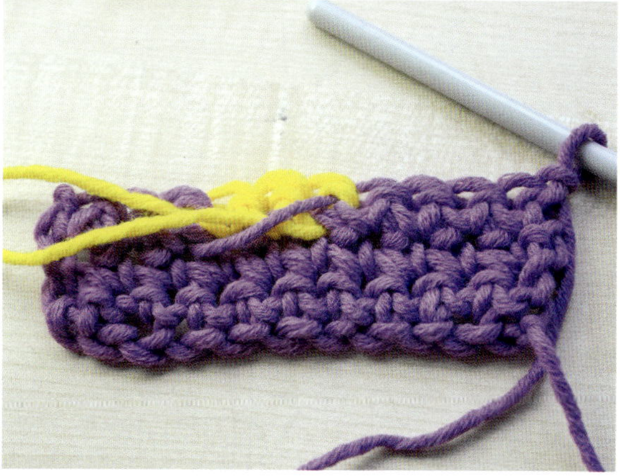

Abb. 17: *Fadenverlauf auf der Rückseite*

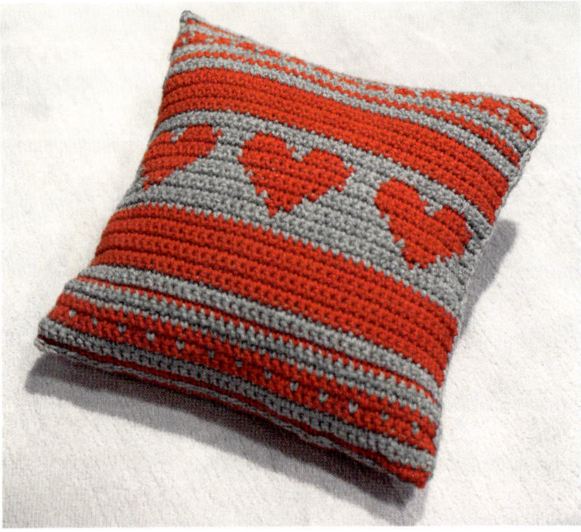

Kissen zusammenhäkeln

Die Kissen werden entweder mit Kettmaschen oder mit festen Maschen zusammengehäkelt. Schließen Sie drei Seiten des Kissens, stecken Sie die Kissenfüllung hinein und schließen Sie auch die letzte Seite.

Kissen mit Kettmaschennaht schließen

Verbinden Sie die beiden Oberkanten bzw. Ober- und Unterkante der Kissen mit einer Kettmasche (*siehe Abb. 6, 7, 8, S. 11*). Legen Sie den Faden anschließend zwischen die Kanten und schieben Sie die Häkelnadel unter die erste Masche vom oberen Kissenteil und anschließend unter die erste Masche des unteren Kissenteiles von vorne nach hinten, wobei Sie entweder die ganze Masche oder nur das äußere Maschenglied erfassen (*Abb. 18, 19*). Wenn Sie die ganze Masche nehmen, wird die Naht etwas breiter, aber stabiler. Holen Sie den Faden und ziehen

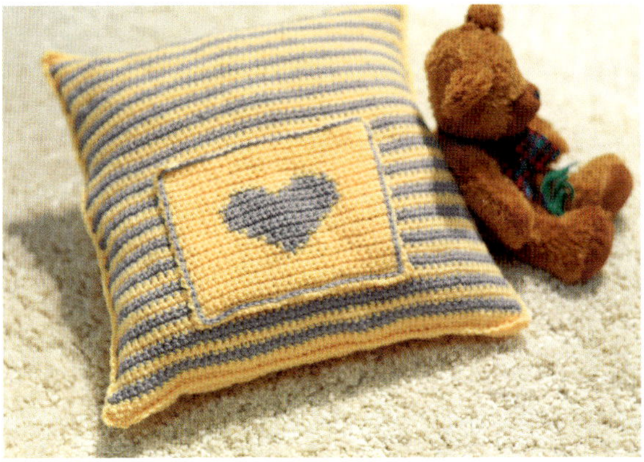

Sie diesen durch alle drei Schlaufen (*Abb. 20*). Achten Sie darauf, dass der Faden darunter verläuft und die Kettmaschen so locker sind, dass keine Spannung entsteht. An den Ecken machen Sie vor und nach der Eckmasche eine Luftmasche. Wiederholen Sie nun diese Arbeitsschritte (*Abb. 21*), bis Sie drei Seiten geschlossen haben. Stecken Sie die Kissenfüllung hinein und schließen Sie auch die vierte Seite. Am Anfang angelangt, stechen Sie in die erste Kettmasche ein, holen den Faden und ziehen diesen durch die Schlinge. Holen Sie erneut den Faden, schneiden diesen mit einer Länge von ca. 10 cm ab und ziehen den Faden durch die Masche (*siehe Abb. 9, 10, 11, S. 12*). Vernähen Sie die Fadenenden.

ACHTUNG!
Zählen Sie die Maschen regelmäßig, da die Masche unmittelbar nach dem Farbwechsel leicht zu übersehen ist.

ACHTUNG!
Bitte beachten Sie, dass die Fadenenden alle auf einer Seite abstehen.

Fäden vernähen

Vernähen Sie alle Fadenenden mit einer stumpfen Sticknadel auf der linken Kissenseite.
Am Anfang und am Ende eines Farbwechsels entstehen unter Umständen kleine Löcher. Bei dünner Wolle oder Garn können diese durch das Verknoten der beiden Fäden und anschließendem Vernähen der Enden beseitigt werden. Bei dicker Wolle, wie bei „Boston", ist davon abzuraten.
Achten Sie darauf, dass die Fäden immer im farblich identen Bereich vernäht werden.

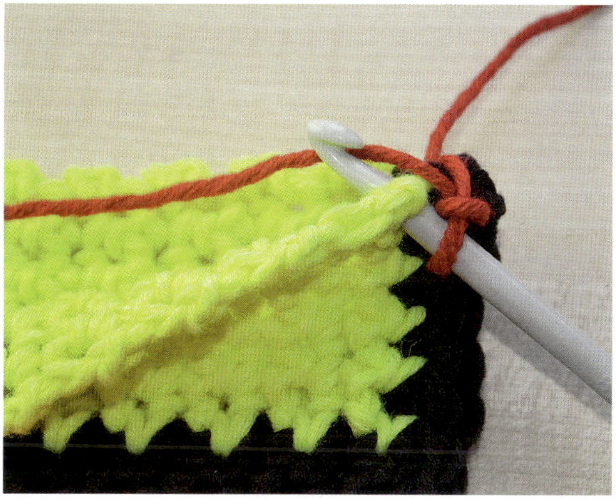

Abb. 18: *Mit der Häkelnadel …*

Abb. 19: *… von vorne nach hinten in die Maschen einstechen.*

Kissen mit festen Maschen schließen

Verbinden Sie die beiden Oberkanten bzw. Ober- und Unterkante der Kissen mit einer Kettmasche (*siehe Abb. 6, 7, 8, S. 11*). Schieben Sie die Häkelnadel unter die ersten beiden übereinanderliegenden Maschen, holen den Faden und machen eine feste Masche (*Abb. 22, 23, 24, S. 16*).
An den Ecken häkeln Sie vor und nach der Eckmasche eine Luftmasche. Wiederholen Sie nun diese Arbeitsschritte, bis Sie drei Seiten geschlossen haben. Stecken Sie die Kissenfüllung hinein und schließen Sie auch die vierte Seite. Am Anfang angelangt, stechen Sie in die

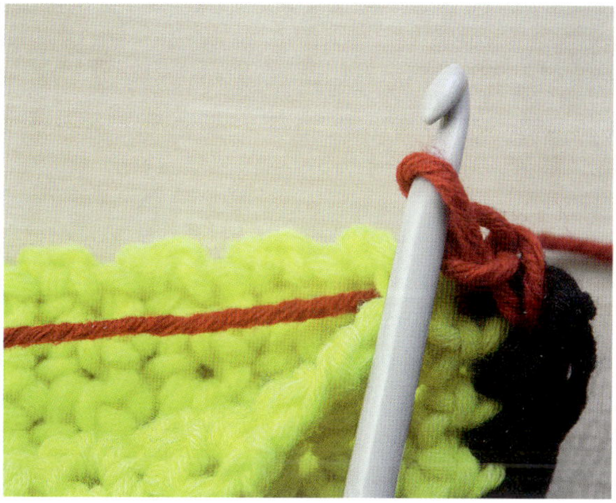

Abb. 20: *Den Faden durch alle drei Schlingen ziehen.*

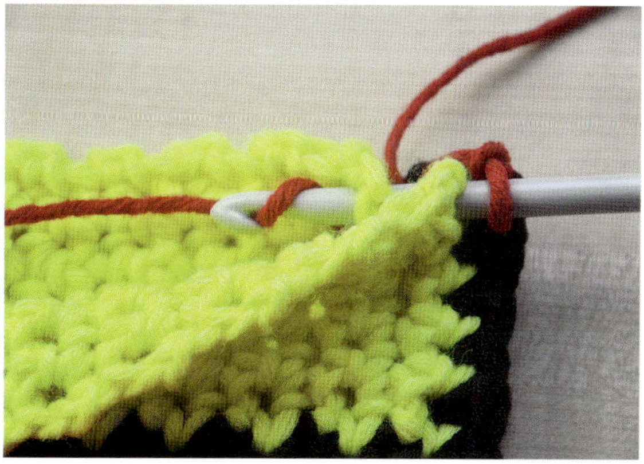

Abb. 21: *Erneut von vorne nach hinten in die Maschen einstechen.*

erste feste Masche ein, holen den Faden und ziehen diesen durch die Schlinge. Holen Sie erneut den Faden, schneiden Sie diesen mit einer Länge von ca. 10 cm ab und ziehen Sie den Faden durch die Masche (*siehe Abb. 9, 10, 11, S. 12*). Vernähen Sie die Fadenenden.

Ziernähte

In diesem Buch werden drei verschiedene Arten von Ziernähten verwendet.

Ziernaht mit festen Maschen

Hierbei wird die Ziernaht mit festen Maschen auf den Kissenteil aufgehäkelt. Dies sorgt für mehr Struktur. Falten Sie dazu den Häkelteil bei der angegebenen Rei-

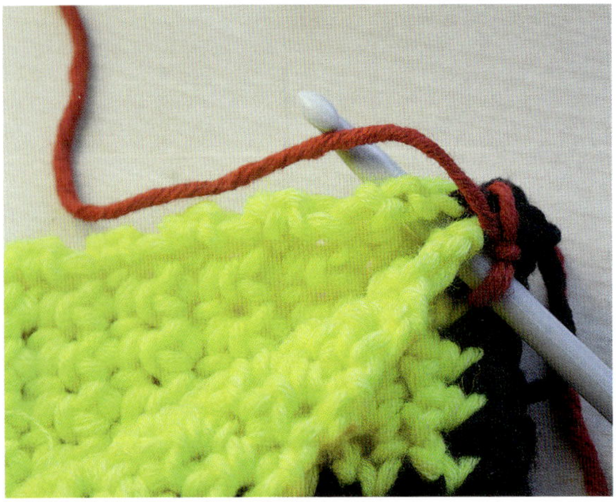

Abb. 22: *Die Häkelnadel unter die beiden Maschenglieder schieben, den Faden holen und durchziehen.*

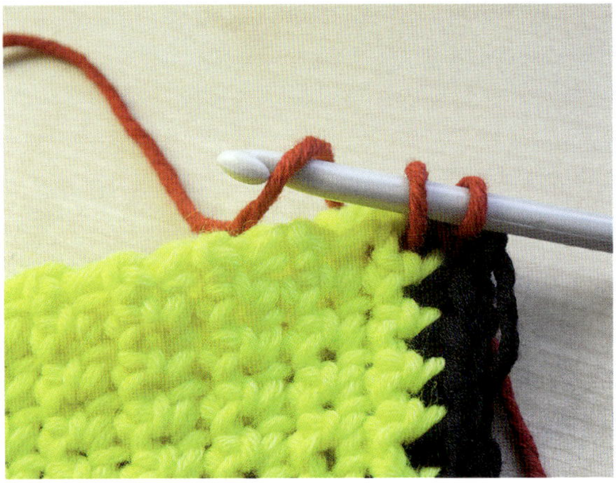

Abb. 23: *Den Faden erneut holen und durch beide Schlingen durchziehen.*

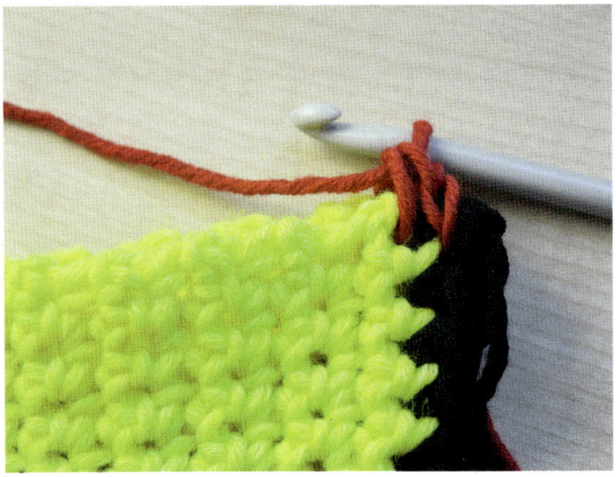

Abb. 24: *Die feste Masche ist fertig.*

he bzw. Masche, schieben Sie die Häkelnadel unter die Masche und machen Sie eine Kettmasche (*Abb. 25*). Häkeln Sie nun die Reihe mit festen Maschen (*Abb. 26*). Zum Schluss machen Sie wiederum eine Kettmasche. Schneiden Sie den Faden mit einer Länge von ca. 10 cm ab und ziehen diesen durch die Masche. In *Abb. 27* sehen Sie die fertige Naht aus festen Maschen.

Ziernaht mit Luftmaschen

Legen Sie das Garn oder die Wolle unter den Kissenteil und holen Sie eine Schlaufe mit der Häkelnadel (*Abb. 28*). Ziehen Sie eine Schlinge nach oben (*Abb. 29*), stechen Sie mit der Häkelnadel im nächsten Zwischenraum nach unten (*Abb. 30*), holen Sie erneut eine Schlinge und ziehen Sie diese durch die Erste hindurch nach oben (*Abb. 31, S. 18*). Wiederholen Sie

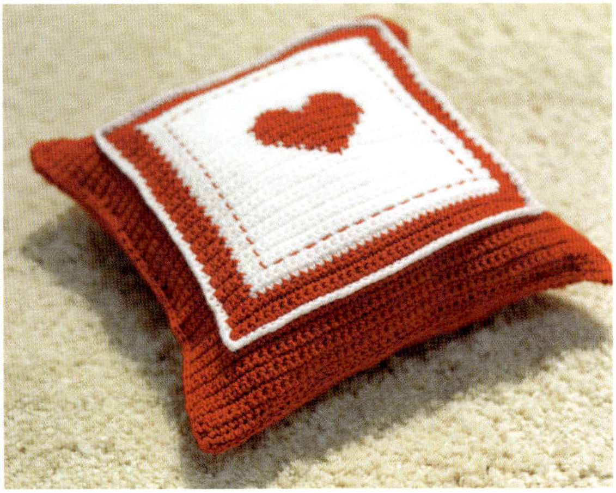

nun diese Arbeitsschritte. Am Ende schneiden Sie den Faden mit einer Länge von ca. 10 cm ab. Stechen Sie mit der Häkelnadel von unten nach oben, stülpen sie die Schlaufe über die vorherige Schlinge und ziehen Sie diese mit der Häkelnadel von unten auf die Rückseite (*Abb. 32, S. 18*).

„v" und „V" zeigt in den Vorlagen den Beginn der Ziernähte, wobei Sie beim kleinen „v" die Ziernaht in die aufeinanderfolgenden Zwischenräume häkeln und beim großen „V" jeweils einen Zwischenraum überspringen – sprich, in jeden zweiten Zwischenraum häkeln. Dies wird bei jedem Werkstück genau bekanntgegeben.

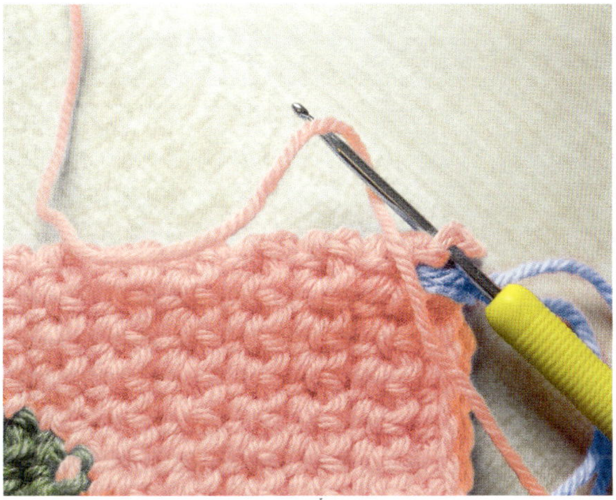

Abb. 25: *Eine Kettmasche machen.*

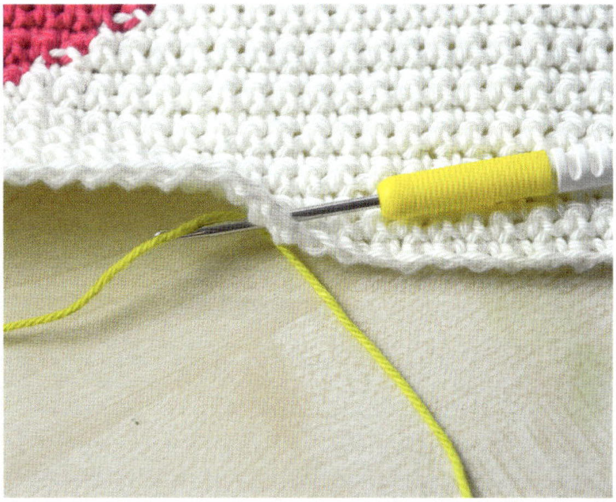

Abb. 28: *Den Faden von unten holen.*

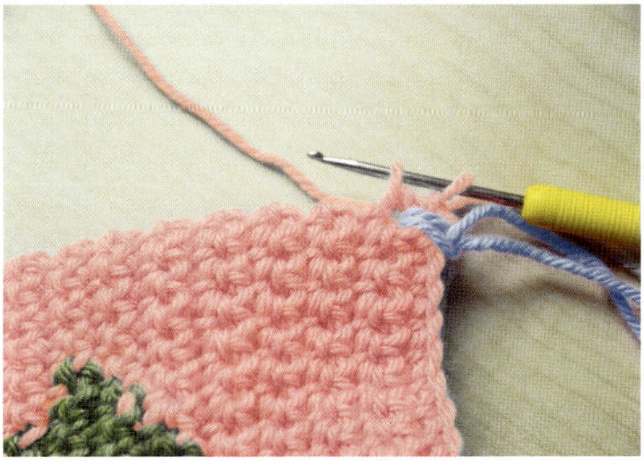

Abb. 26: *Die Ziernaht mit festen Maschen aufhäkeln.*

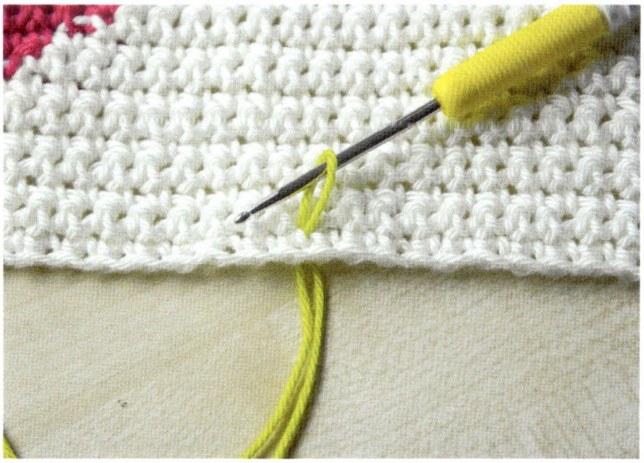

Abb. 29: *Die Schlinge nach oben ziehen.*

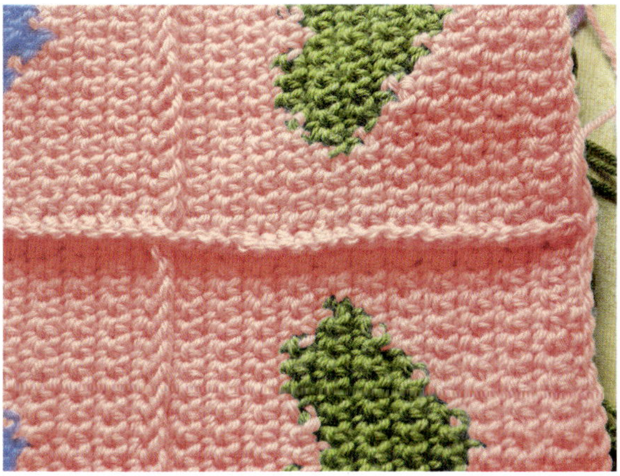

Abb. 27: *Die Ziernaht ist fertiggestellt.*

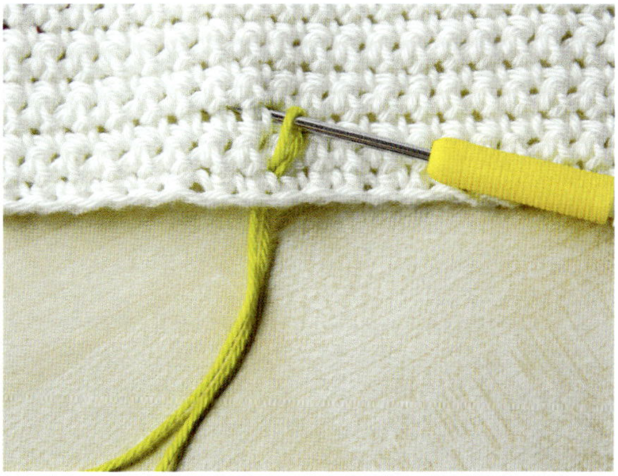

Abb. 30: *Im nächsten Zwischenraum nach unten stechen …*

Vorstichnaht

Fädeln Sie die Wolle in die Sticknadel und stechen Sie beim ersten Zwischenraum (*Abb. 33*) von unten nach oben ein. Führen Sie die Nadel nach der nächsten Masche nach unten und anschließend wieder nach oben (*Abb. 34*). Am Anfang angekommen, vernähen Sie beide Enden auf der Rückseite (*Abb. 35*).

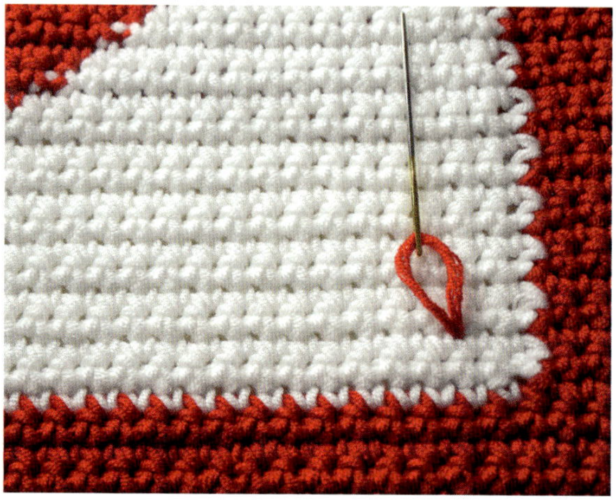

Abb. 33: *Von unten nach oben einstechen.*

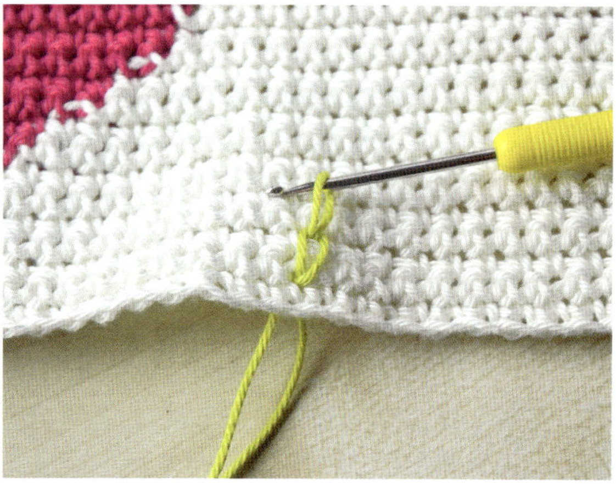

Abb. 31: *… erneut die Schlinge holen und durch die erste ziehen.*

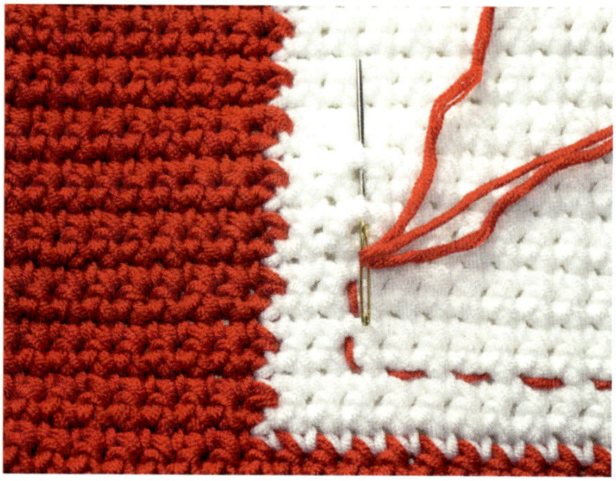

Abb. 34: *Fortlaufend abwechselnd von unten und von oben einstechen.*

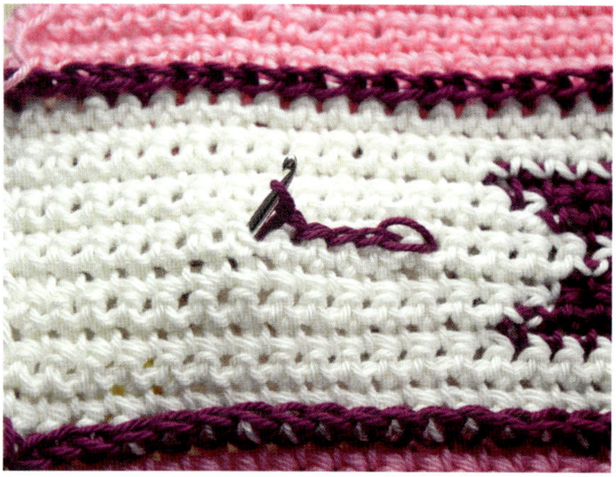

Abb. 32: *Am Ende die Schlaufe auf die Rückseite ziehen.*

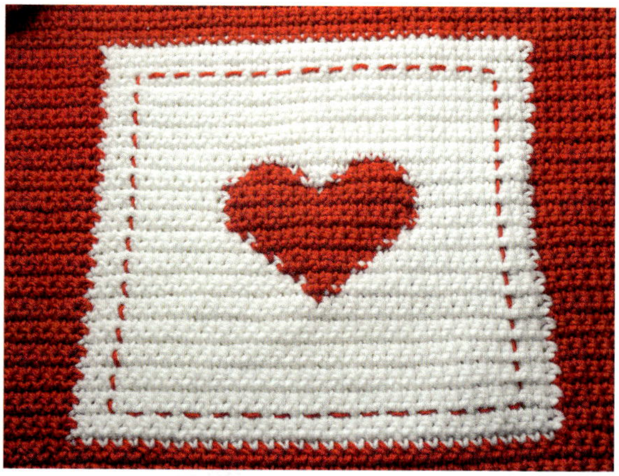

Abb. 35: *Die Ziernaht ist fertig.*

KAPITEL 1

Skandinavischer Stil

frisch und fröhlich

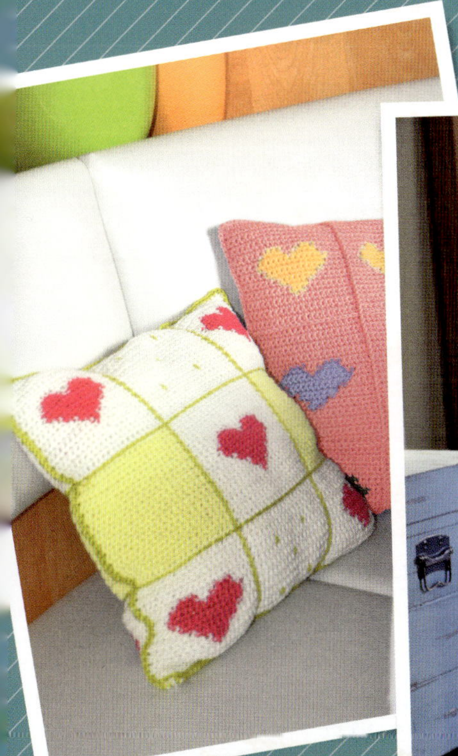

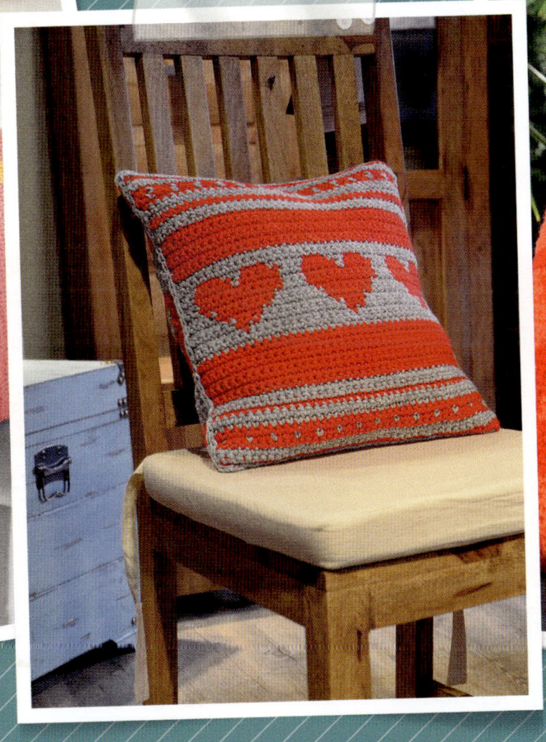

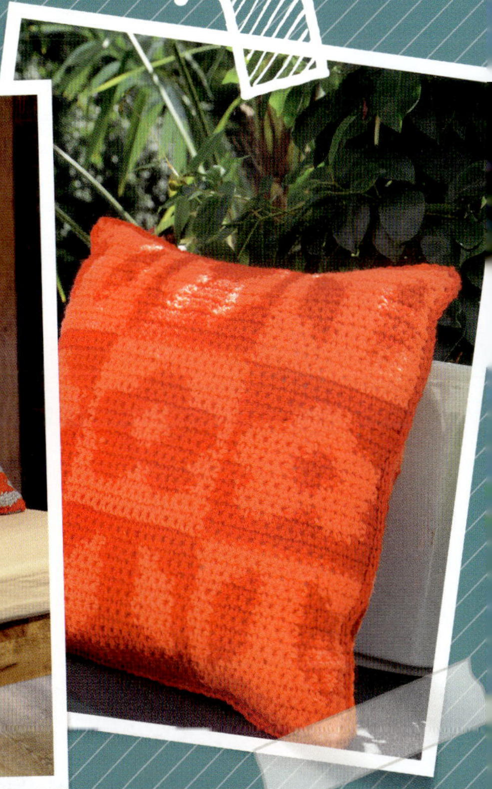

Kissen

mit pinkfarbenen Herzen

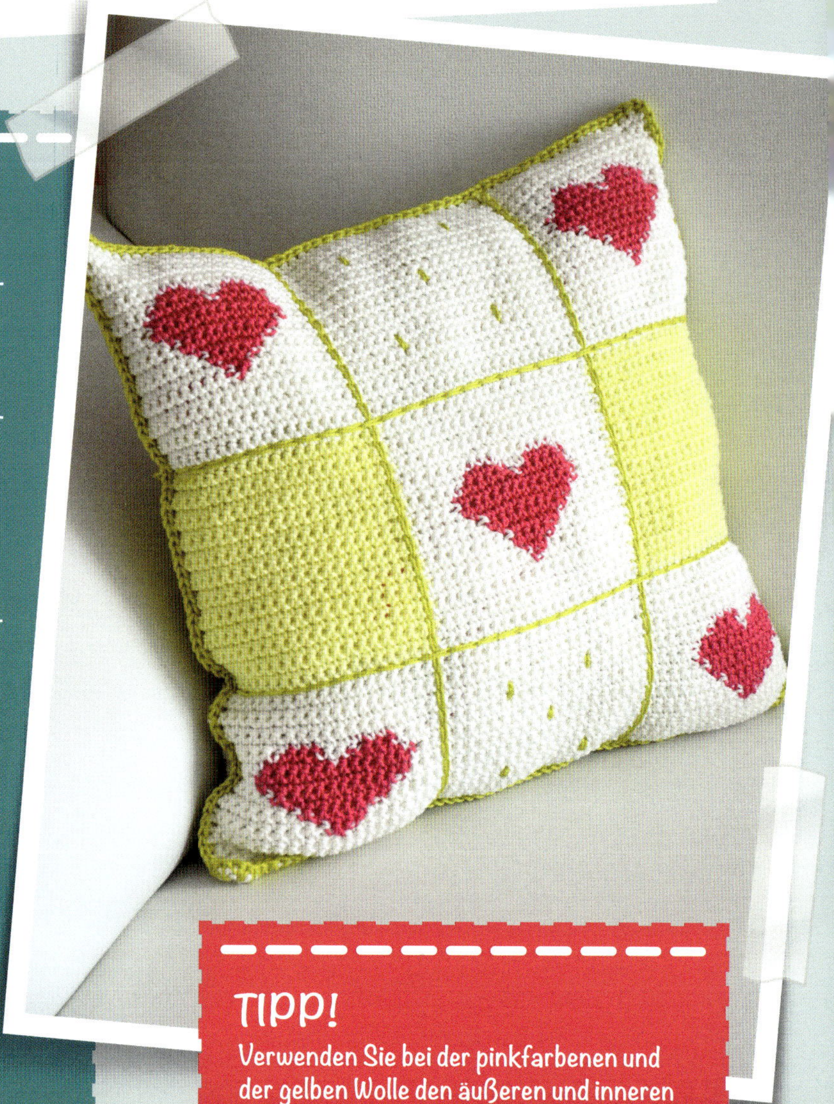

Schwierigkeitsgrad
mittel

Größe
ca. 35 x 35 cm

Maschenprobe
Mit Häkelnadel Nr. 2,5 in festen Maschen gehäkelt; 17 Maschen und 20 Reihen = 10 x 10 cm

Material
150 g Catania/Schachenmayr, Farbe: 0105, creme
50 g Catania/Schachenmayr, Farbe: 0100, gelb
50 g Catania/Schachenmayr, Farbe: 0245, grün
50 g Catania/Schachenmayr, Farbe: 0114, pink
Häkelnadel Nr. 2,5
Füllwatte oder/und Füllkissen
Sticknadel
Schere

TIPP!

Verwenden Sie bei der pinkfarbenen und der gelben Wolle den äußeren und inneren Fadenanfang, so kann das Knäuel hängenbleiben und die zu vernähenden Fäden reduzieren sich auf ein Minimum.

Anleitung

(Abkürzungen und Erklärungen siehe Kapitel Allgemeines, Seite 7 ff.)

Für den vorderen Teil des Kissens schlagen Sie 61 Lm in Creme an und häkeln Sie wie folgt:
1. Reihe: 1 Lm und in jede Lm eine fM creme *(= 61 fM)*, wenden.
2.–69. Reihe: Arbeiten Sie nach der Vorlage weiter. Die Vorlage zeigt in der waagrechten Linie die Anzahl der Maschen und in der senkrechten Linie die Anzahl der Reihen 1–46 und 47.–69. Reihe: Jedes Kästchen entspricht einer Masche und einer Farbe. Beginnen Sie jede Reihe mit einer Lm und häkeln Sie in der angegebenen Farbe mit fM weiter. Achten Sie darauf, dass Sie die Masche vor dem Farbwechsel bereits in der neuen Farbe abmaschen *(siehe Kapitel Allgemeines, Seite 12 f.)* und dass durch die auf der Rückseite verlaufenden Fäden keine Spannung entsteht. Nach der letzten Masche machen Sie eine Km, schneiden den Faden mit einer Länge von ca. 10 cm ab und ziehen diesen durch die Masche.

Für den hinteren Kissenteil wiederholen Sie nun alle obigen Arbeitsschritte.

Ziernaht mit Luftmaschen

(siehe Kapitel Allgemeines, Seite 16)

Die Ziernähte werden grün mit Luftmaschen gehäkelt und sind in der Vorlage mit V eingezeichnet. Für die senkrechten Ziernähte *(Abb. 36)* beginnen Sie im ersten Zwischenraum über der Unterkante zwischen der 19. und 20. sowie der 42. und 43. Masche. Häkeln Sie die Naht bis zur Oberkante indem Sie immer in den nächstliegenden Zwischenraum senkrecht arbeiten.
Wiederholen Sie diese Arbeitsschritte nun bei den waagrechten Ziernähten *(Abb. 37)* zwischen der 23. und 24. sowie der 46. und 47. Reihe.
Anschließend werden die je 5 Lm (eingezeichnet in der Vorlage mit V) auf die beiden weißen Felder gehäkelt. Nehmen Sie hierzu je einen Faden mit einer Länge von ca. 15 cm in Grün, stechen Sie mit der Häkelnadel in den Zwischenraum nach der 5. Reihe, 6 Zwischenräume links und rechts von der senkrechten Ziernaht entfernt, und holen Sie den Faden von unten. Stechen Sie wiederum in den zweiten Zwischenraum senkrecht darüber und holen Sie eine Schlaufe. Stechen Sie mit der Häkelnadel von unten

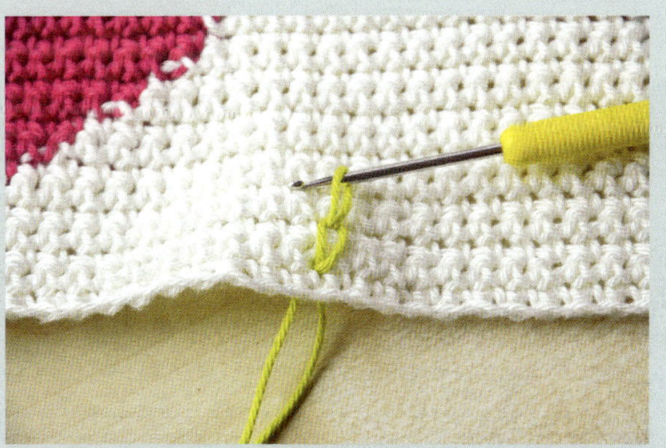

Abb. 36: *Die Ziernaht senkrecht aufhäkeln.*

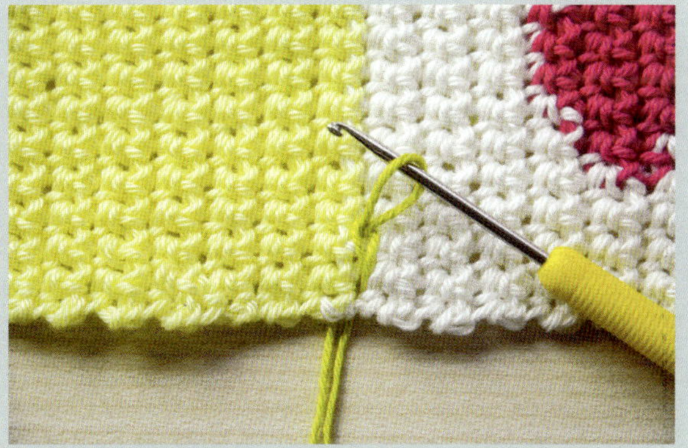

Abb. 37: *Die Ziernaht waagrecht aufhäkeln.*

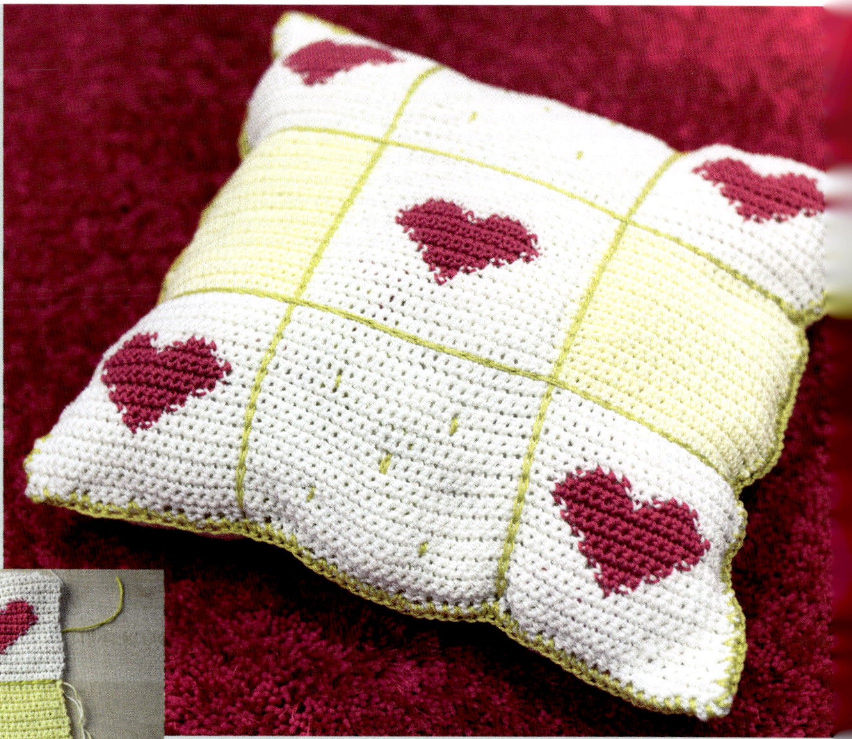

nach oben, stülpen Sie die Schlaufe über die erste Schlinge und ziehen Sie diese nach hinten. Wiederholen Sie diese Schritte nun nach der 16., 51. und 62. Reihe jeweils 6 Zwischenräume links und rechts von der senkrechten Ziernaht entfernt. Zum Schluss häkeln Sie eine Luftmasche mittig in jedes Feld. Achten Sie darauf, dass Sie locker arbeiten,

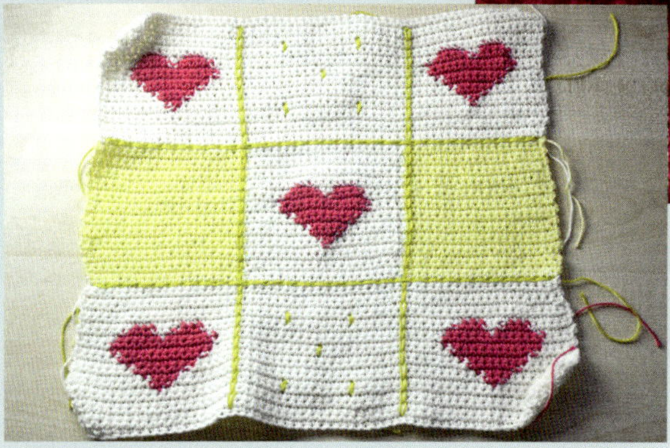

Abb. 38: *Ein fertiger Kissenteil*

sodass keine Spannung entsteht. In Abb. 38 sehen Sie einen fertigen Kissenteil.
Wiederholen Sie nun alle Arbeitsschritte beim zweiten Kissenteil.

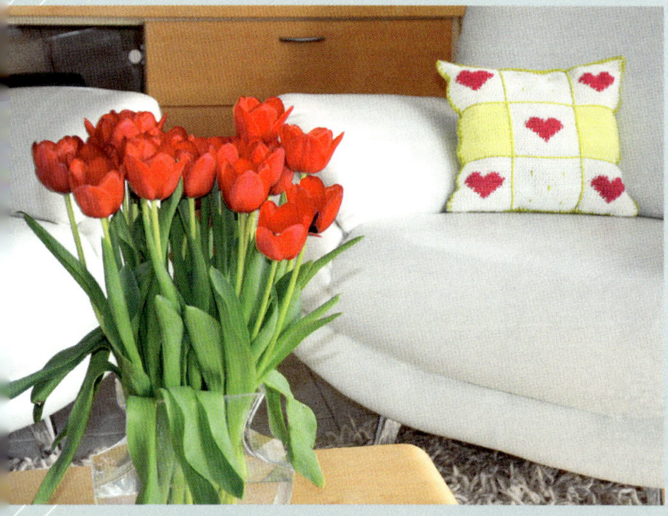

Fertigstellung

Vernähen Sie alle Fadenenden mit der Sticknadel auf der Rückseite. Achten Sie darauf, dass Sie die Fäden immer im farblich identen Bereich vernähen.
Legen Sie die beiden Kissenteile links auf links, Oberkante auf Oberkante und häkeln Sie das Kissen an drei Seiten mit grünem Garn und festen Maschen zusammen *(siehe Kapitel Allgemeines, Seite 15)*. Stecken Sie die Kissenfüllung hinein und schließen Sie auch die letzte Seite mit festen Maschen. Vernähen Sie die Fadenenden.

HÄKELVORLAGE

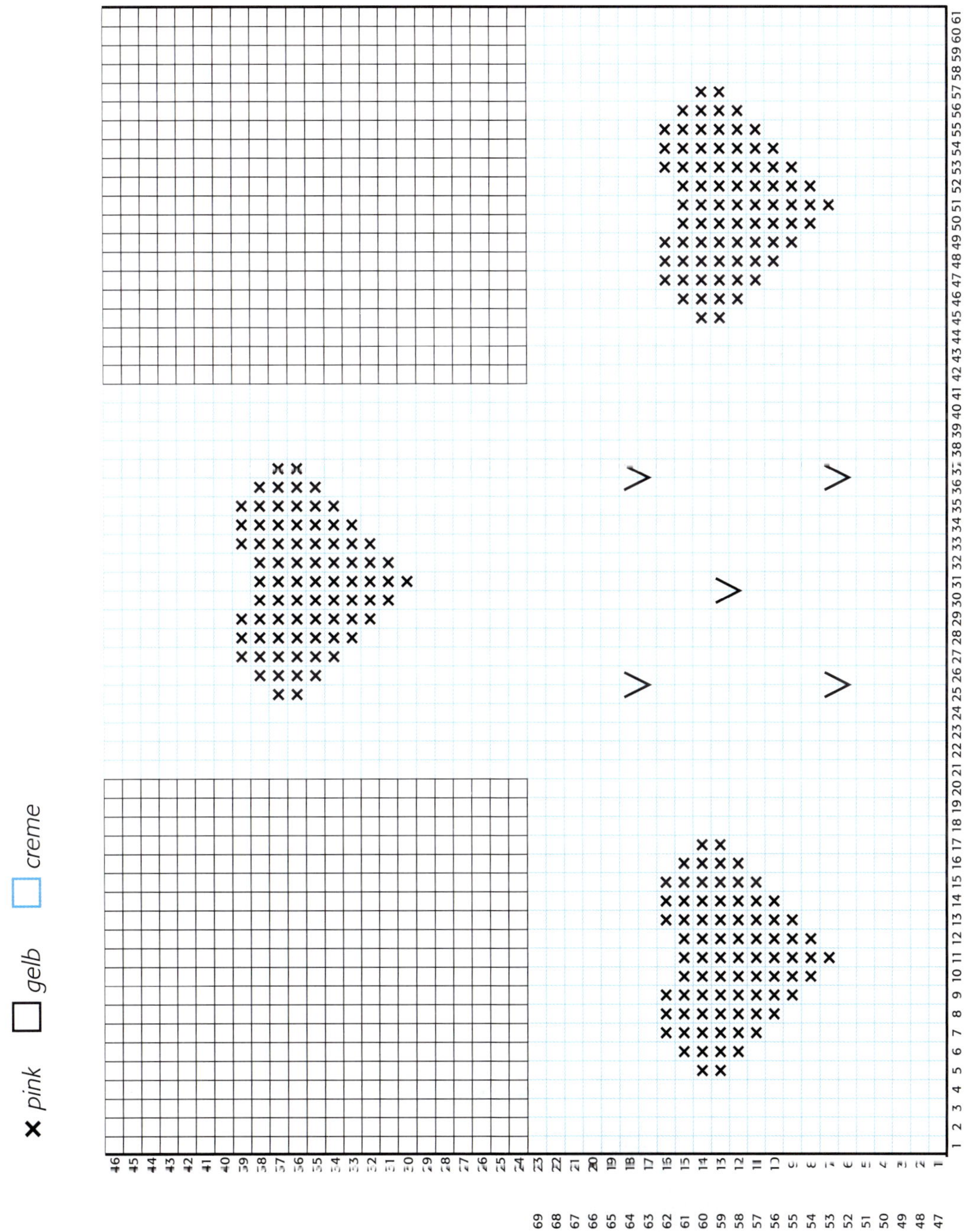

Rosa Kissen

mit bunten Herzen

Schwierigkeitsgrad
mittel

Größe
ca. 35 x 35 cm

Maschenprobe
Mit Häkelnadel Nr. 2,5 in festen Maschen gehäkelt; 17 Maschen und 20 Reihen = 10 x 10 cm

Material
200 g Wolle Universa/Schachenmayr, Farbe: 00136, pink
50 g Wolle Universa/Schachenmayr, Farbe: 00121, gelb
50 g Wolle Universa/Schachenmayr, Farbe: 00153, hellblau
50 g Wolle Universa/Schachenmayr, Farbe: 00173, grün
Häkelnadel Nr. 2,5
Füllkissen und/oder Füllwatte
Sticknadel
Schere

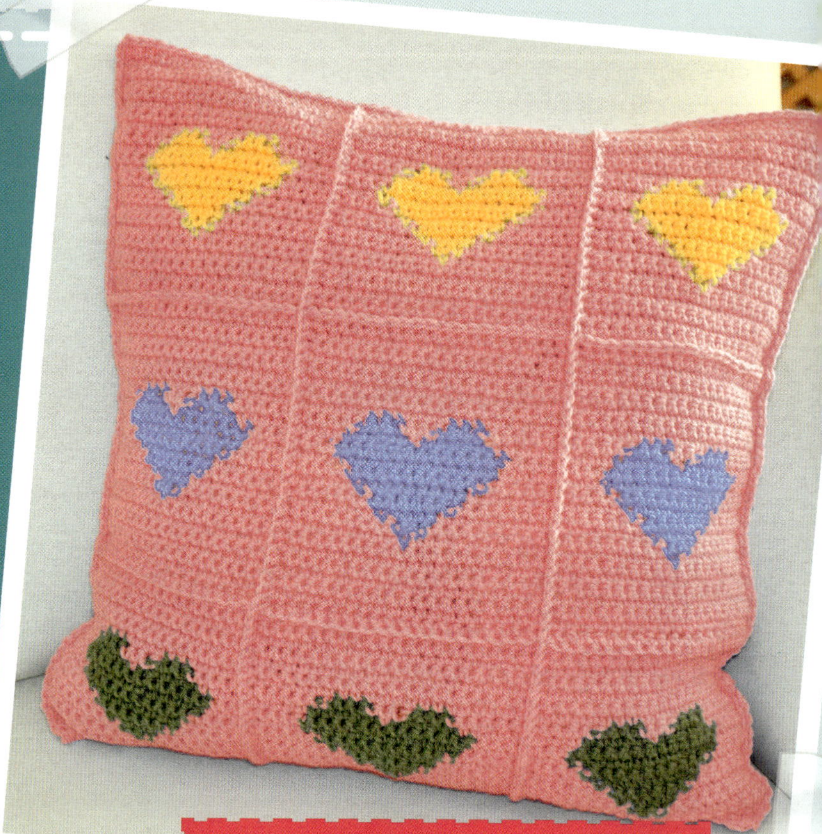

TIPP

Lassen Sie die Wolle auf der Rückseite locker weiterlaufen, so reduzieren sich die zu vernähenden Fäden auf ein Minimum. Achten Sie darauf, dass keine Spannung entsteht.

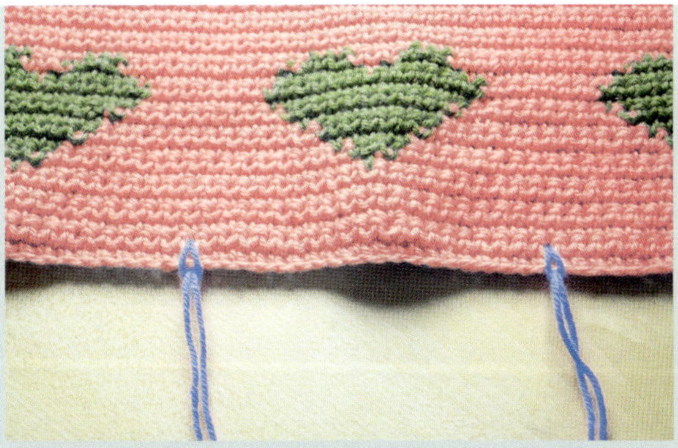

Abb. 39: ***Markierungsfaden für die Ziernaht einfügen.***

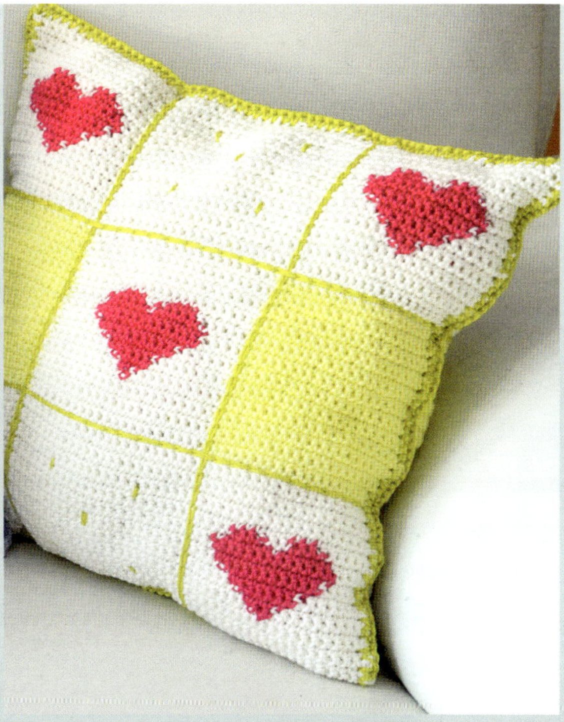

Anleitung

(Abkürzungen und Erklärungen siehe Kapitel Allgemeines, Seite 7 ff.)

Für den vorderen Teil des Kissens schlagen Sie 61 Lm in Rosa an und häkeln Sie wie folgt:
1. Reihe: 1 Lm und in jede weitere Lm eine fM rosa (= *61 fM*). Ziehen Sie nach der 21. und 41. Masche einen bunten Faden zur Markierung der Ziernaht ein (*Abb. 39*).
2.–24. Reihe: Arbeiten Sie nach der Vorlage. Die Vorlage zeigt in der waagrechten Linie die Anzahl der Maschen und in der senkrechten Linie die Reihen 1–24, 25–48 und 49–72. Jedes Kästchen entspricht einer Masche und einer Farbe. Beginnen Sie jede Reihe mit einer Lm und häkeln Sie in der angegebenen Farbe mit fM weiter. Achten Sie darauf, dass Sie die Masche vor dem Farbwechsel bereits in der neuen Farbe abmaschen (*siehe Kapitel Allgemeines, Seite 12 f.*) und dass durch die auf der Rückseite verlaufenden Fäden keine Spannung entsteht.
Häkeln Sie die Herzen grün und fügen Sie nach der 24. Reihe seitlich einen bunten Faden ein, um die Ziernaht zu markieren.
25.–48. Reihe: Häkeln Sie in diesem Abschnitt die Herzen in Hellblau und ziehen Sie nach der 48. Reihe wiederum einen bunten Faden ein, um die Ziernaht zu markieren.
49.–72. Reihe: Häkeln Sie die Herzen in diesem Abschnitt in Gelb. Nach der letzten Masche machen Sie eine Km, schneiden den Faden mit einer Länge von ca. 10 cm ab und ziehen diesen durch die Schlaufe.

Für den hinteren Teil des Kissens schlagen Sie 61 Lm in Rosa an und häkeln Sie wie folgt:
1. Reihe: 1 Lm und in jede weitere Lm eine fM rosa (= *61 fM*), wenden.
2.–72. Reihe: 1 Lm und 61 fM rosa, wenden.
Nach der letzten Masche machen Sie eine Km, schneiden den Faden mit einer Länge von ca. 10 cm ab und ziehen diesen durch die Schlaufe.

Ziernaht mit Festmaschen

(siehe Kapitel Allgemeines, Seite 15 f.)

Die Ziernähte (in der Vorlage mit v eingezeichnet) werden mit Rosa in festen Maschen gehäkelt. Falten Sie den Vorderteil des Kissens bei der unteren waagrechten Markierung (nach den grünen Herzen) und häkeln Sie für die Struktur eine Reihe feste Maschen in rosa Wolle auf den Vorderteil auf. Wiederholen Sie

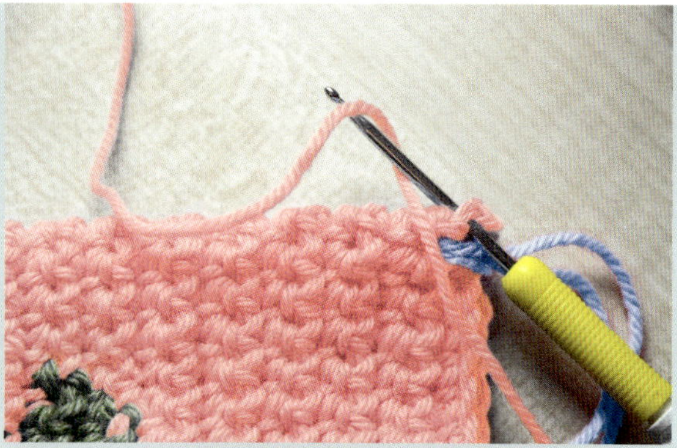

***Abb. 40:** Die Ziernaht mit festen Maschen aufhäkeln.*

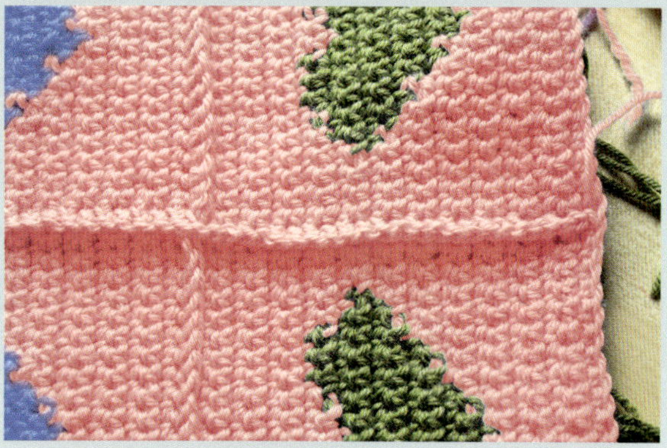

***Abb. 41:** Die fertige Ziernaht*

diese Arbeitsschritte bei der zweiten waagrechten Markierung (über den hellblauen Herzen) und bei den beiden senkrechten Markierungen (*Abb. 40*). Achten Sie beim Häkeln darauf, dass Sie locker arbeiten, damit keine Spannung entsteht. In Abb. 41 sehen Sie die fertige Ziernaht.

Fertigstellung

Vernähen Sie alle Fadenenden mit der Sticknadel auf der Rückseite. Achten Sie darauf, dass Sie die Fäden immer im farblich identen Bereich vernähen.
Legen Sie die beiden Kissenteile links auf links, Oberkante auf Oberkante und häkeln Sie das Kissen an drei Seiten mit rosa Wolle und festen Maschen zusammen (*siehe Kapitel Allgemeines, Seite 15*). Stecken Sie die Kissenfüllung hinein und schließen Sie auch die letzte Seite mit festen Maschen. Vernähen Sie die Fadenenden.

HÄKELVORLAGE

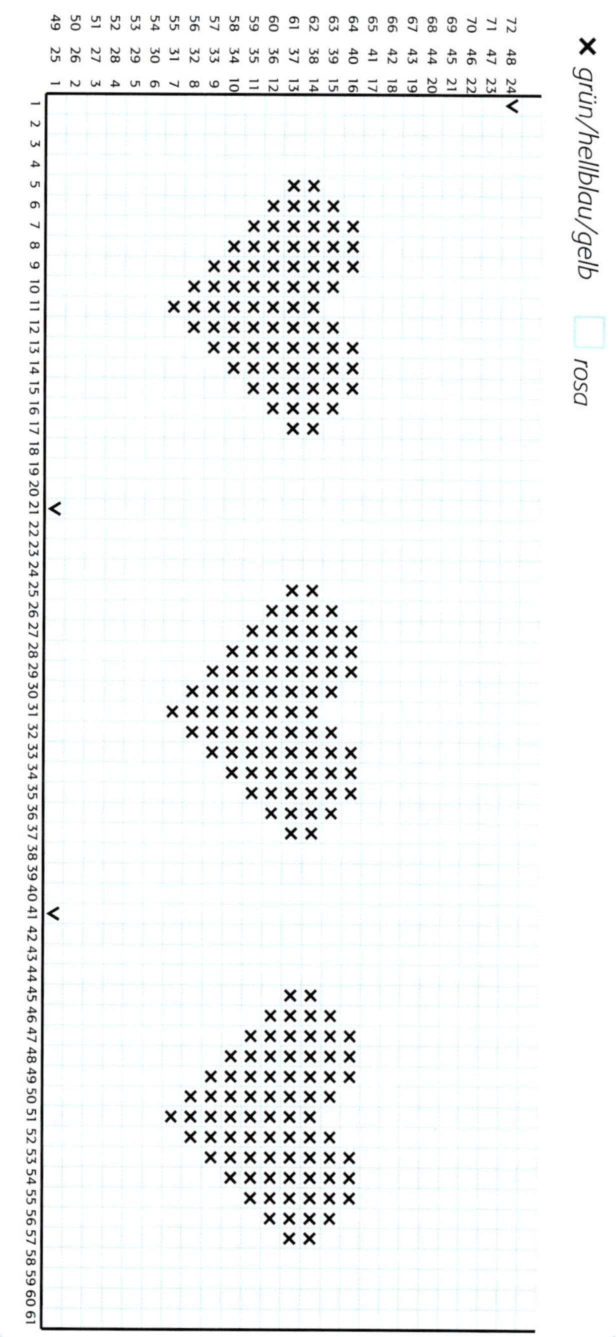

Kissen
mit Blumenmuster

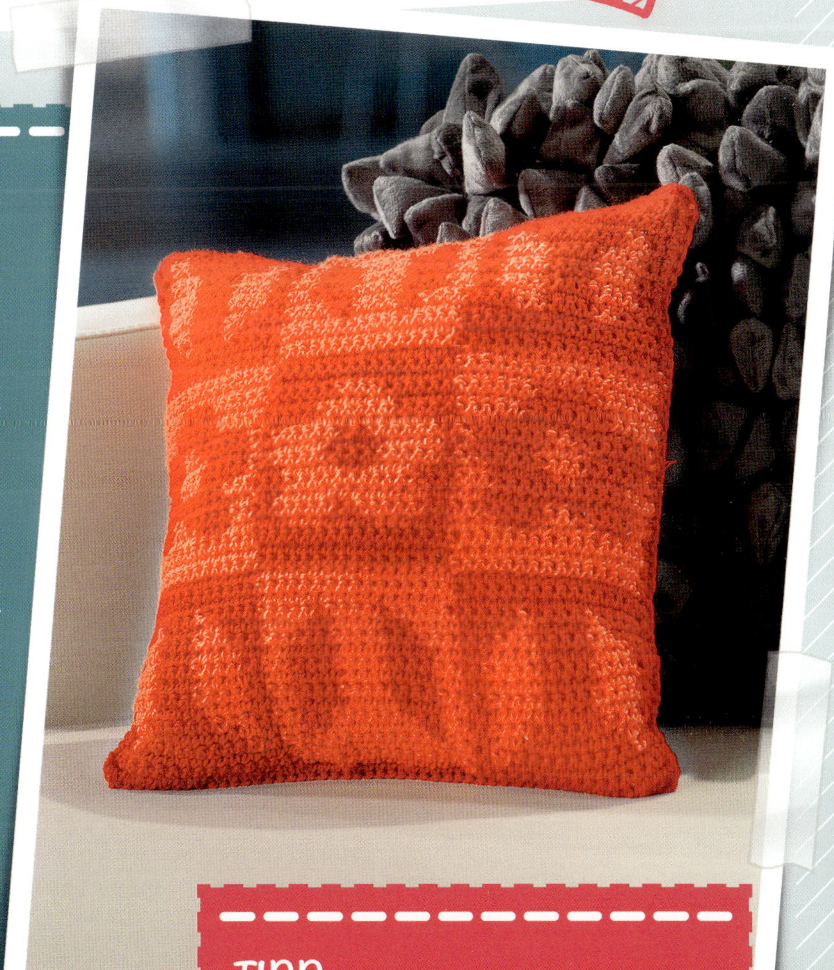

Schwierigkeitsgrad
schwierig

Größe
ca. 35 x 35 cm

Maschenprobe
Mit Häkelnadel Nr. 4 in festen Maschen gehäkelt; 15 Maschen und 17 Reihen = 10 x 10 cm

Material
100 g Wolle Regia Aktive/Schachenmayr, Farbe: 05962, rot
100 g Wolle Regia Aktive/Schachenmayr, Farbe: 05963, orange
Häkelnadel Nr. 4
Füllkissen und/oder Füllwatte
Sticknadel
Schere

TIPP
Lassen Sie die Wolle auf der Rückseite locker weiterlaufen, so reduzieren sich die zu vernähenden Fäden auf ein Minimum. Achten Sie darauf, dass keine Spannung entsteht. In *Abb. 42* sehen Sie den Fadenverlauf auf der Rückseite.

Anleitung

(Abkürzungen und Erklärungen siehe Kapitel Allgemeines, Seite 7 ff.)

Für den vorderen Teil des Kissens schlagen Sie 48 Lm in Rot an und häkeln Sie nach der Vorlage. Die Vorlage zeigt in der waagrechten Linie die Anzahl der Maschen und in der senkrechten Linie die Reihen 1–52. Jedes Kästchen entspricht einer Masche und

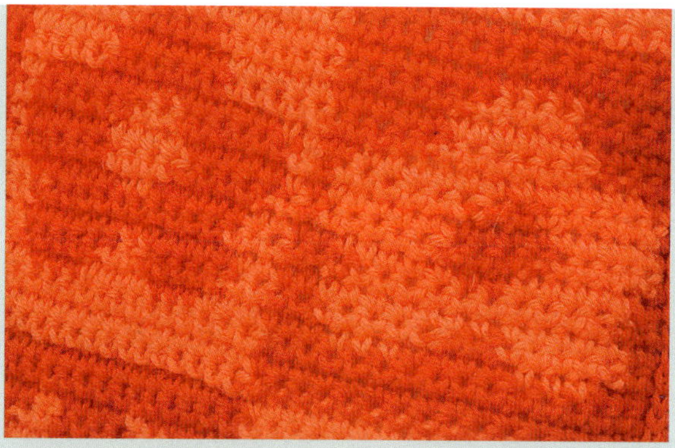

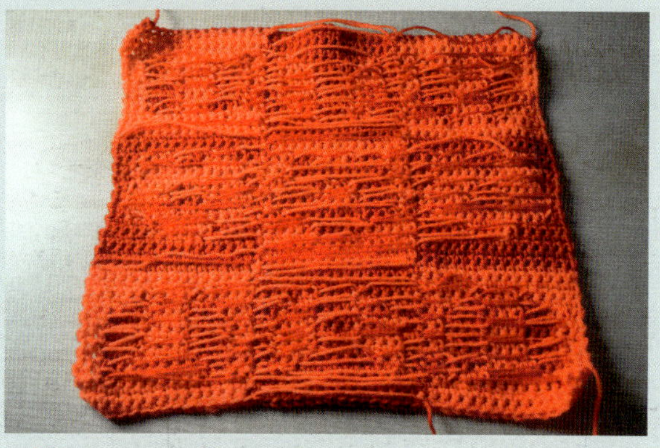

Abb. 42: *Ansicht Rückseite*

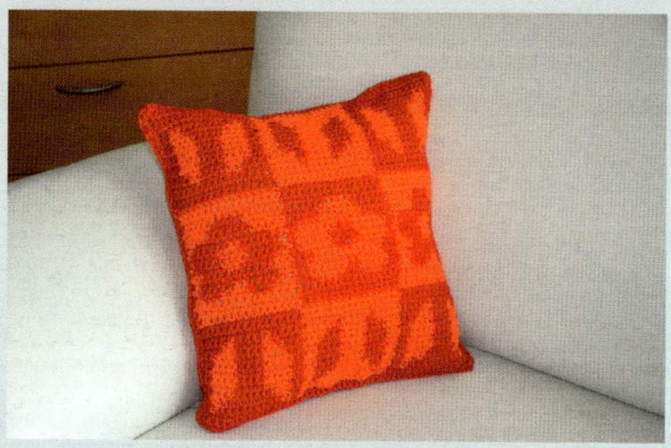

einer Farbe. Beginnen Sie jede Reihe mit einer Lm und häkeln Sie in der angegebenen Farbe mit fM weiter. Achten Sie darauf, dass Sie die Masche vor dem Farbwechsel bereits in der neuen Farbe abmaschen (*siehe Kapitel Allgemeines, Seite 12 f.*).
Für die Reihe 1–3 häkeln Sie wie folgt: 1 Lm und 16 fM orange, 16 fM rot, 16 fM orange. Arbeiten Sie nun mit Reihe 4 lt. Vorlage weiter bis zur Reihe 52. Nach der letzten Reihe schneiden Sie den Faden mit einer Länge von ca. 10 cm ab, machen eine Km und ziehen den Faden durch die Schlaufe.

Für den hinteren Teil des Kissens schlagen Sie 48 Lm in Rot an und wiederholen Sie alle obigen Arbeitsschritte.

Fertigstellung

Vernähen Sie alle Fadenenden mit der Sticknadel auf der Rückseite. Achten Sie darauf, dass Sie die Fäden immer im farblich identen Bereich vernähen.

Legen Sie die beiden Kissenteile links auf links, sodass die Blumen aufrecht liegen, und häkeln Sie das Kissen an drei Seiten mit roter Wolle und festen Maschen zusammen (*siehe Kapitel Allgemeines, Seite 15*). Stecken Sie die Kissenfüllung hinein und schließen Sie auch die letzte Seite mit festen Maschen. Vernähen Sie die Fadenenden.

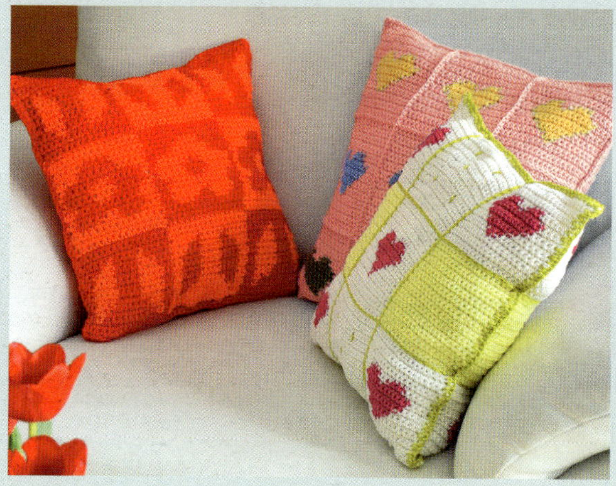

HÄKELVORLAGE

× *rot* ☐ *orange*

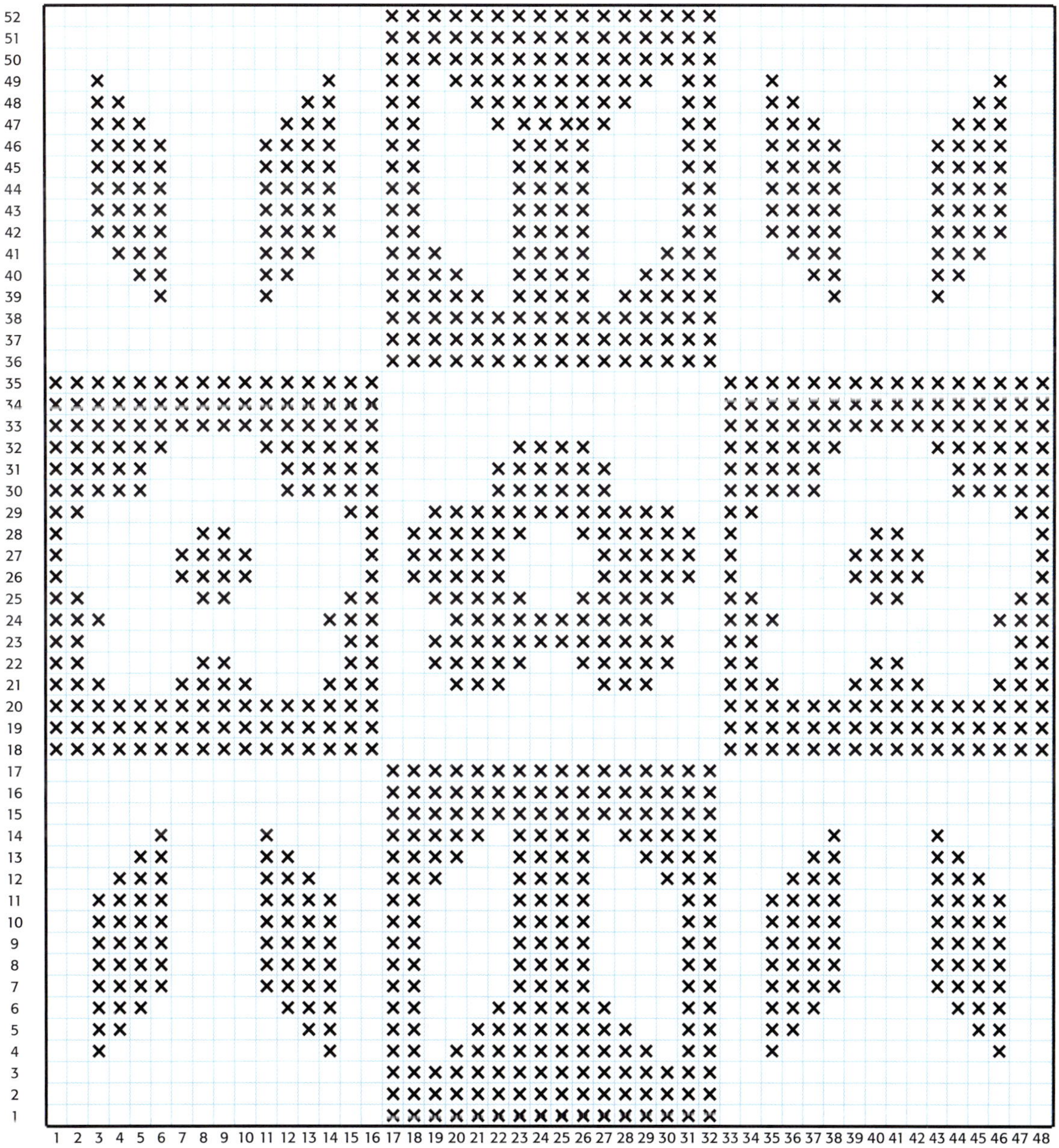

Kissen
mit Herzmuster

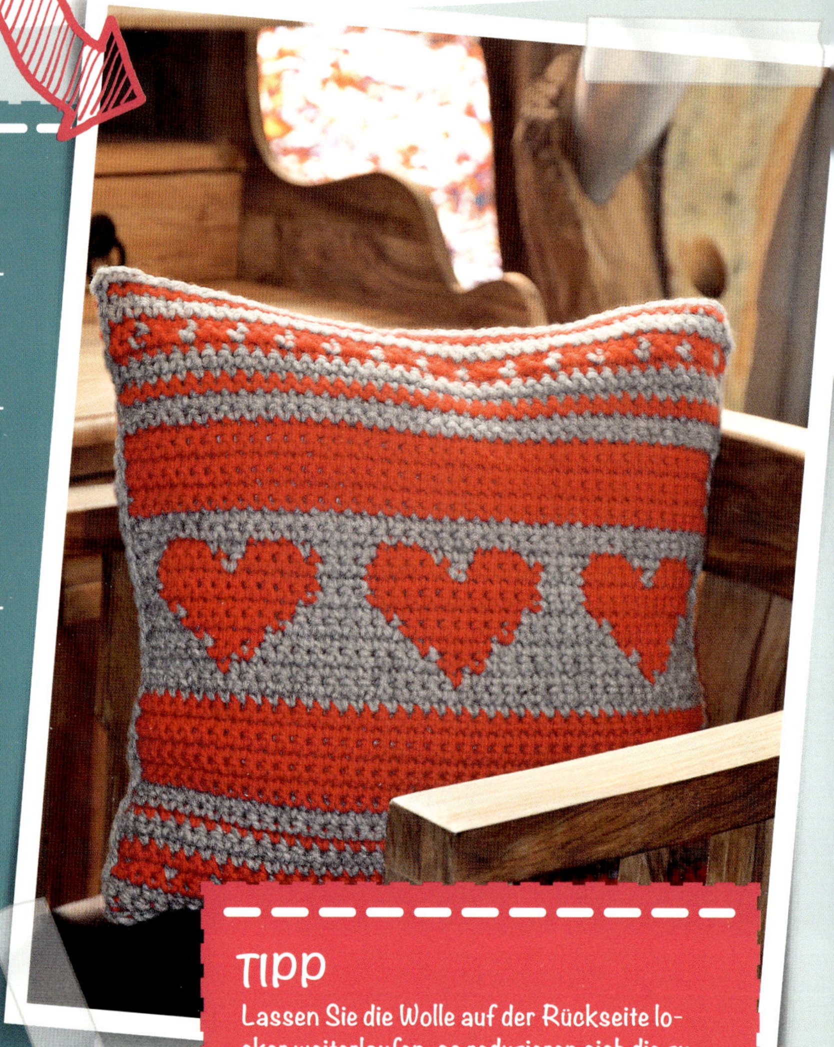

Schwierigkeitsgrad
einfach

Größe
ca. 40 x 40 cm

Maschenprobe
Mit Häkelnadel Nr. 5 in festen Maschen gehäkelt; 11 Maschen und 12 Reihen = 10 x 10 cm

Material
200 g Wolle Boston/Schachenmayr, Farbe: 00030, rot
200 g Wolle Boston/Schachenmayr, Farbe: 00092, hellgrau
Häkelnadel Nr. 5
Füllkissen und/oder Füllwatte
Sticknadel
Schere

TIPP

Lassen Sie die Wolle auf der Rückseite locker weiterlaufen, so reduzieren sich die zu vernähenden Fäden auf ein Minimum. Achten Sie darauf, dass keine Spannung entsteht. In *Abb. 43* sehen Sie den Fadenverlauf auf der Rückseite.

Anleitung

(Abkürzungen und Erklärungen siehe Kapitel Allgemeines, Seite 7 ff.)

Für den vorderen Teil des Kissens schlagen Sie 43 Lm in Grau an und häkeln Sie wie folgt:
1. Reihe: 1 Lm und 43 fM rot, wenden.
2.–3. Reihe: 1 Lm und 43 fM grau, wenden.
4. Reihe: 1 Lm und 43 fM rot, wenden.
5. Reihe: 1 Lm und * 2 fM rot, 1 fM grau *, von * bis * fortlaufend wiederholen, wenden.
6. Reihe: 1 Lm und 43 fM rot, wenden.
7.–8. Reihe: 1 Lm und 43 fM grau, wenden.
9. Reihe: 1 Lm und 43 fM rot, wenden.
10.–11. Reihe: 1 Lm und 43 fM grau, wenden.
12.–18. Reihe: 1 Lm und 43 fM rot, wenden.
19.–20. Reihe: 1 Lm und 43 fM grau, wenden.
21.–29. Reihe: Arbeiten Sie nach der Vorlage. Die Vorlage zeigt in der waagrechten Linie die Anzahl der Maschen und in der senkrechten Linie die Reihen 21–29. Jedes Kästchen entspricht einer Masche und einer Farbe. Beginnen Sie jede Reihe mit einer Lm und häkeln Sie in der angegebenen Farbe mit fM weiter. Achten Sie darauf, dass Sie die Masche vor dem Farbwechsel bereits in der neuen Farbe abmaschen (*siehe Kapitel Allgemeines, Seite 12 f.*).
30.–31. Reihe: 1 Lm und 43 fM grau, wenden.
32.–37. Reihe: 1 Lm und 43 fM rot, wenden.
38.–39. Reihe: 1 Lm und 43 fM grau, wenden.
40. Reihe: 1 Lm und 43 fM rot, wenden.
41.–42. Reihe: 1 Lm und 43 fM grau, wenden.
43. Reihe: 1 Lm und 43 fM rot, wenden.
44. Reihe: 1 Lm und * 2 fM rot, 1 fM grau *, von * bis * fortlaufend wiederholen, wenden.
45. Reihe: 1 Lm und 43 fM rot, wenden.
46.–47. Reihe: 1 Lm und 43 fM grau, wenden.
48. Reihe: 1 Lm und 43 fM rot, wenden.
Nach der letzten Masche machen Sie eine Km, schneiden den Faden mit einer Länge von ca. 10 cm ab und ziehen diesen durch die Masche.

Für den hinteren Teil des Kissens wiederholen Sie nun alle obigen Arbeitsschritte.

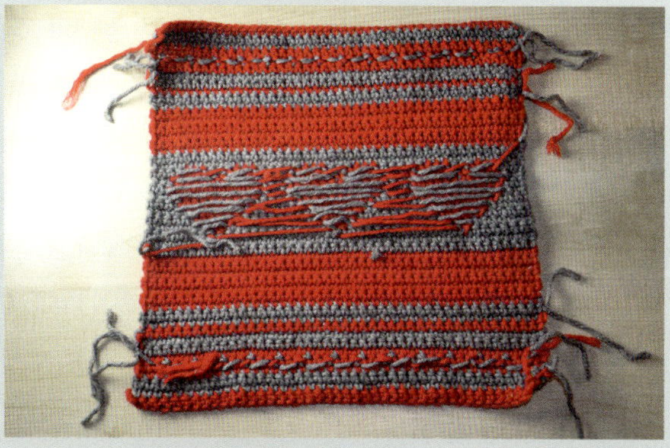

Abb. 43: Rückseite

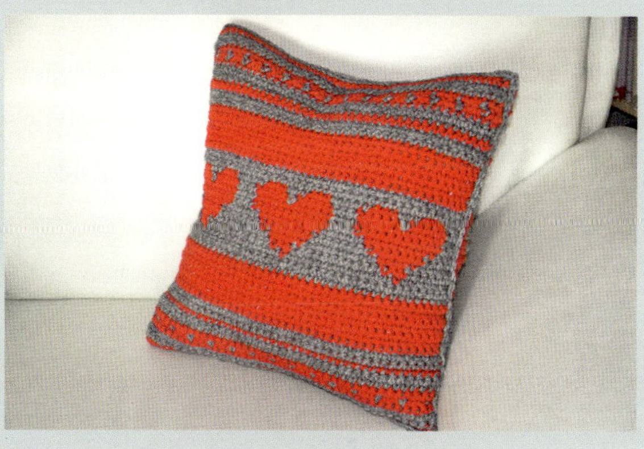

Fertigstellung

Vernähen Sie alle Fadenenden mit der Sticknadel auf der Rückseite. Achten Sie darauf, dass Sie die Fäden immer im farblich identen Bereich vernähen. Legen Sie die beiden Kissenteile links auf links, Oberkante auf Oberkante und häkeln Sie das Kissen mit grauer Wolle und Kettmaschen zusammen (*siehe Kapitel Allgemeines, Seite 14*). Bevor Sie die letzte Seite schließen, stecken Sie die Kissenfüllung hinein. Vernähen Sie die Fadenenden.

Die Anleitung bezieht sich auf das Kissen mit den roten Herzen. Für das Kissen mit den grauen Herzen benötigen Sie die gleichen Materialien, wie in der Materialliste angeführt, allerdings häkeln sie dann laut Anleitung statt in Rot in Grau und statt in Grau in Rot.

HÄKELVORLAGE

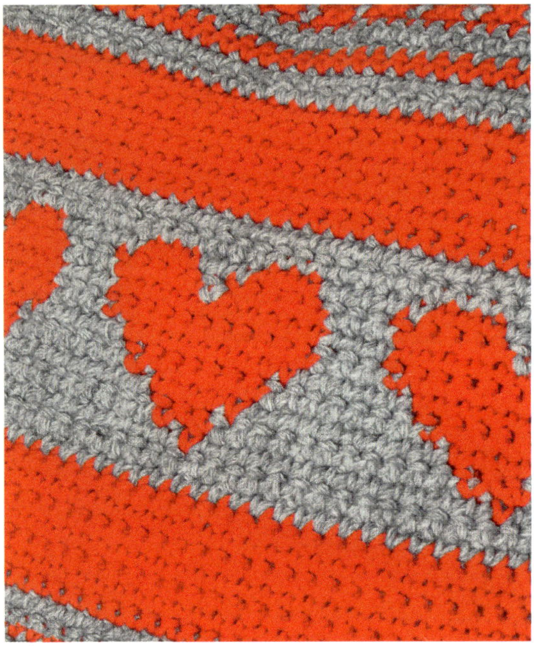

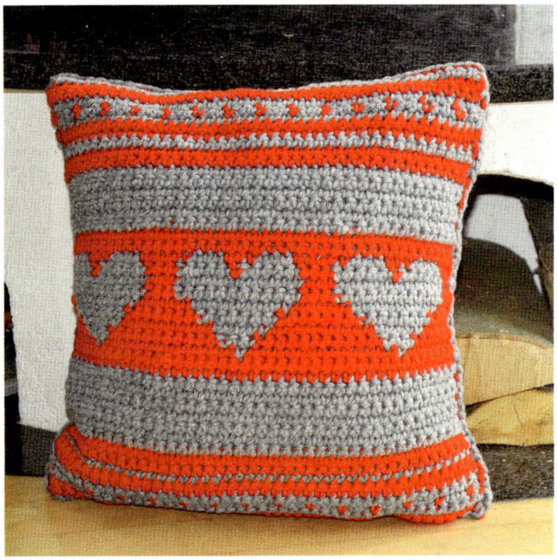

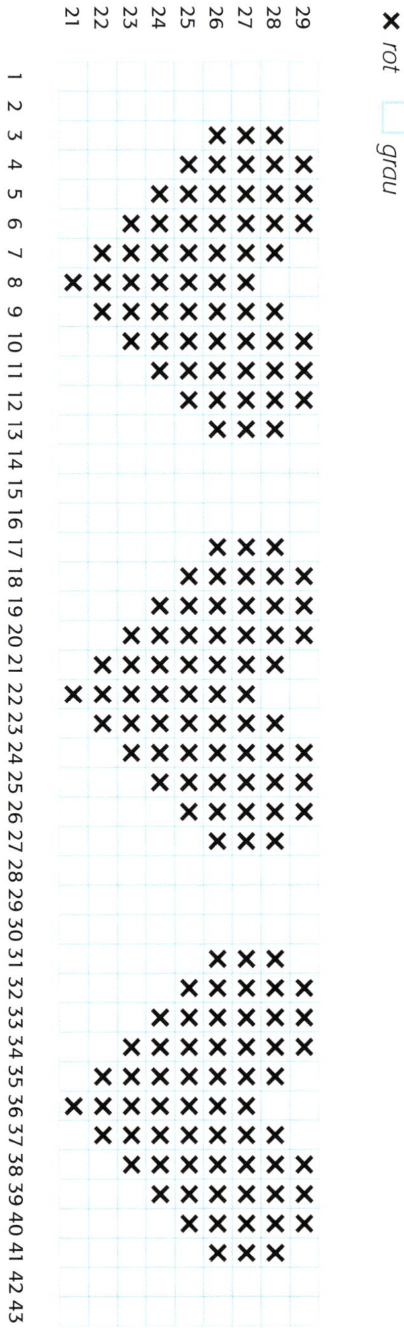

KAPITEL 2

Landhausstil romantisch

verträumt und kuschelig

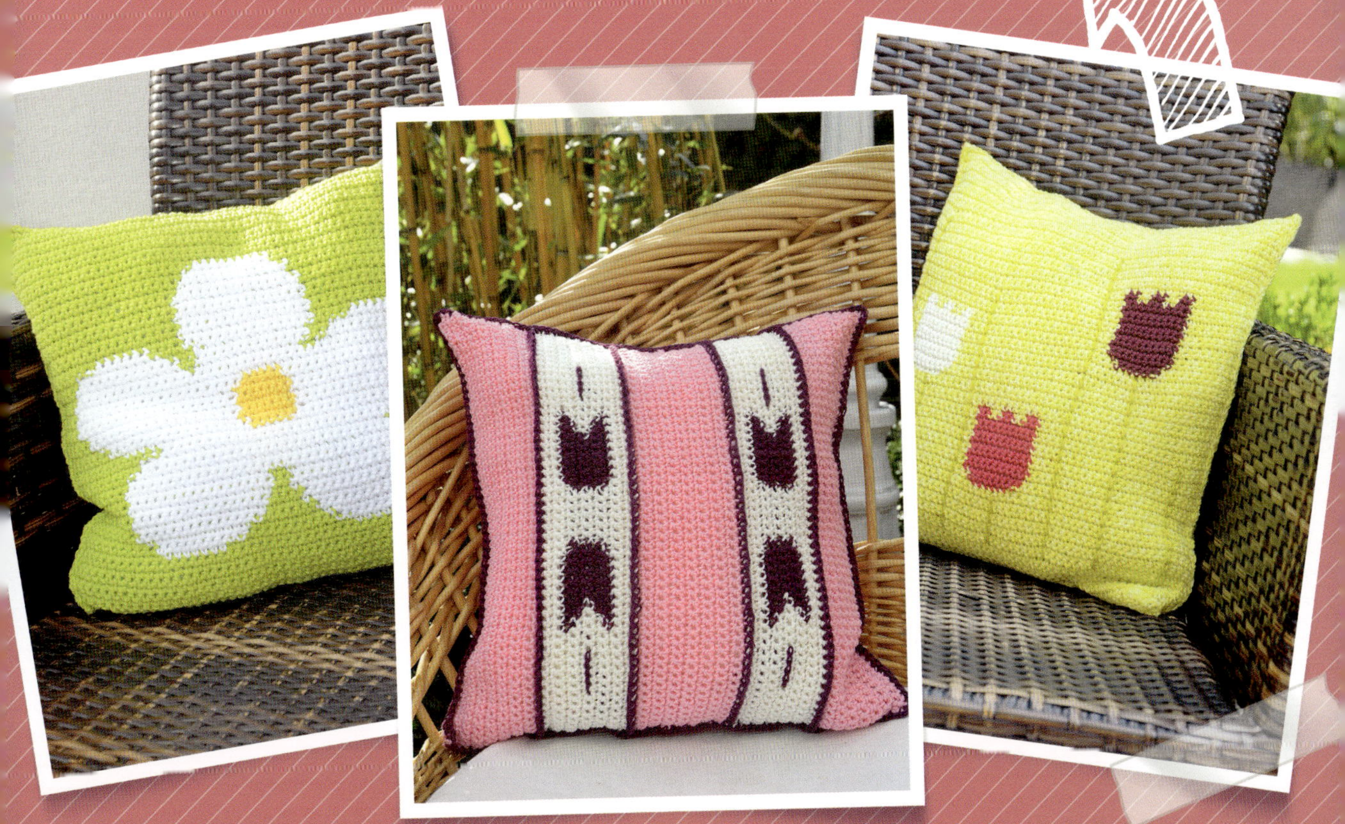

Kissen

mit Blüte

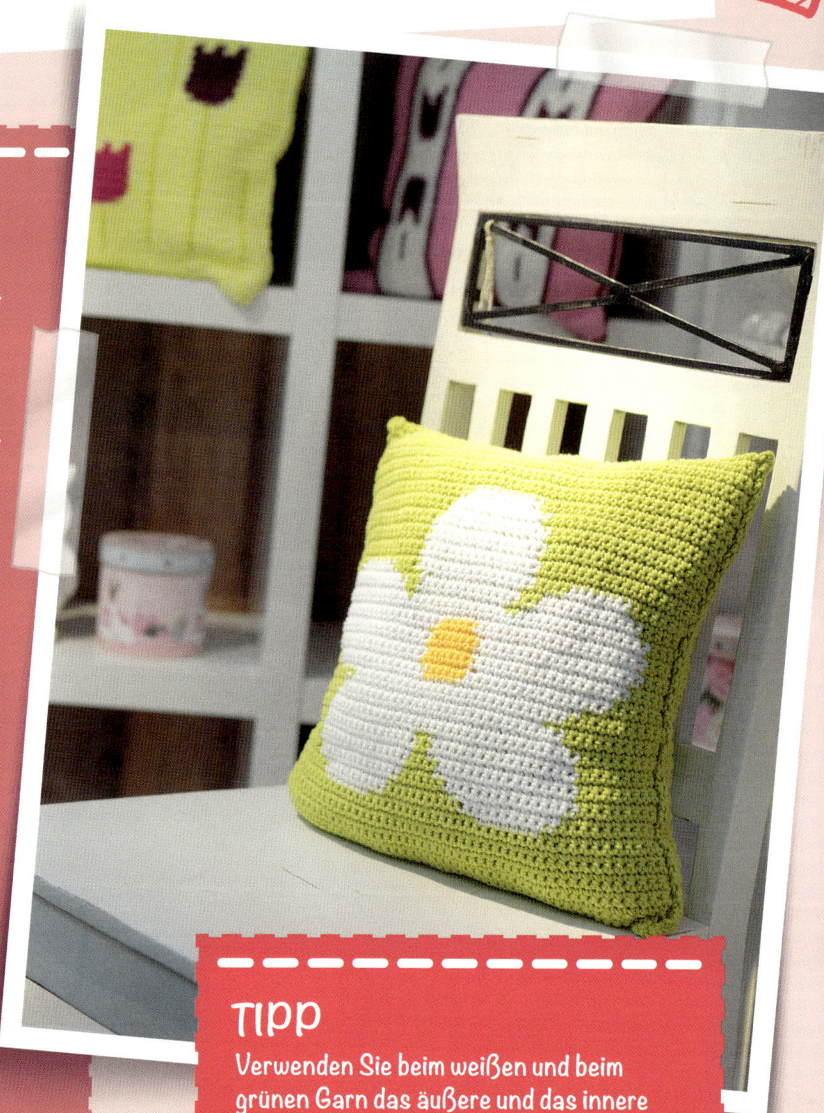

Schwierigkeitsgrad
einfach

Größe
ca. 40 x 40 cm

Maschenprobe
Mit Häkelnadel Nr. 4 in festen Maschen gehäkelt; 13 Maschen und 15 Reihen = 10 x 10 cm

Material
250 g Sun City/Schachenmayr, Farbe: 00273, grün
50 g Sun City/Schachenmayr, Farbe: 00101, weiß
50 g Micro Grande/Schachenmayr, Farbe: 0121, gelb
Häkelnadel Nr. 4
Füllkissen und/oder Füllwatte
Sticknadel
Schere

TIPP

Verwenden Sie beim weißen und beim grünen Garn das äußere und das innere Fadenende, so kann das Knäuel hängenbleiben und die zu vernähenden Fäden reduzieren sich auf ein Minimum.

Anleitung

(Abkürzungen und Erklärungen siehe Kapitel Allgemeines, Seite 7 ff.)

Für die vordere Seite des Kissens schlagen Sie 51 Lm in Grün an und häkeln Sie wie folgt:
1. Reihe: 1 Lm und je 1 fM in jede weitere Luftmasche grün (= *51 fM*), wenden.
2.–12. Reihe: 1 Lm und 51 fM grün, wenden.
13.–50. Reihe: Arbeiten Sie nach der Vorlage. Die Vorlage zeigt in der waagrechten Linie die Anzahl der Maschen und in der senkrechten Linie die Reihen 13–50. Jedes Kästchen entspricht einer Masche und einer Farbe. Beginnen Sie jede Reihe mit einer Lm und häkeln Sie in der angegebenen Farbe mit fM weiter. Achten Sie darauf, dass Sie die Masche vor dem Farbwechsel bereits in der neuen Farbe abmaschen (*siehe Kapitel Allgemeines, Seite 12 f.*).
51.–62. Reihe: 1 Lm und 51 fM grün, wenden.
Nach der letzten Masche machen Sie eine Km, schneiden den Faden mit einer Länge von ca. 10 cm ab und ziehen diesen durch die Masche.

Für den hinteren Teil des Kissens schlagen Sie 51 Lm in Grün an und häkeln Sie wie folgt:
1. Reihe: 1 Lm und in jede weitere Lm eine fM grün (= *51 fM*), wenden.
2.–62. Reihe: 1 Lm und 51 fM grün, wenden.
Nach der letzten Masche machen Sie eine Km, schneiden den Faden mit einer Länge von ca. 10 cm ab und ziehen diesen durch die Masche.

Fertigstellung

Vernähen Sie alle Fadenenden mit der Sticknadel auf der Rückseite. Achten Sie darauf, dass Sie die Fäden immer im farblich identen Bereich vernähen.
Legen Sie die beiden Kissenteile links auf links, Oberkante auf Oberkante und häkeln Sie das Kissen mit grünem Garn (*Abb. 44*) und Kettmaschen zusammen (*siehe Kapitel Allgemeines, Seite 14 f.*). Bevor Sie die letzte Seite schließen, stecken Sie die Kissenfüllung hinein. Vernähen Sie die Fadenenden.

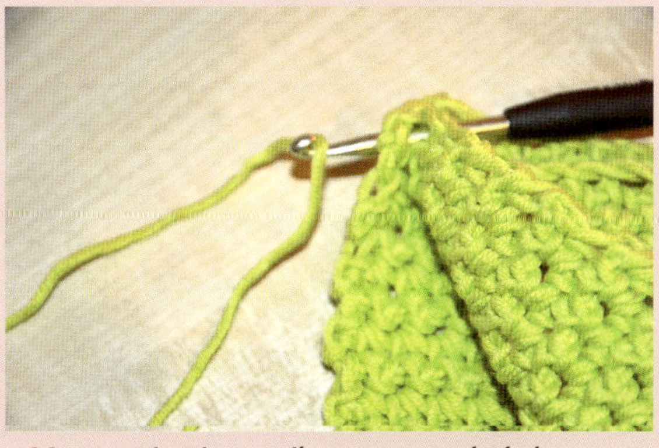

***Abb. 44:* Die Kissenteile zusammenhäkeln.**

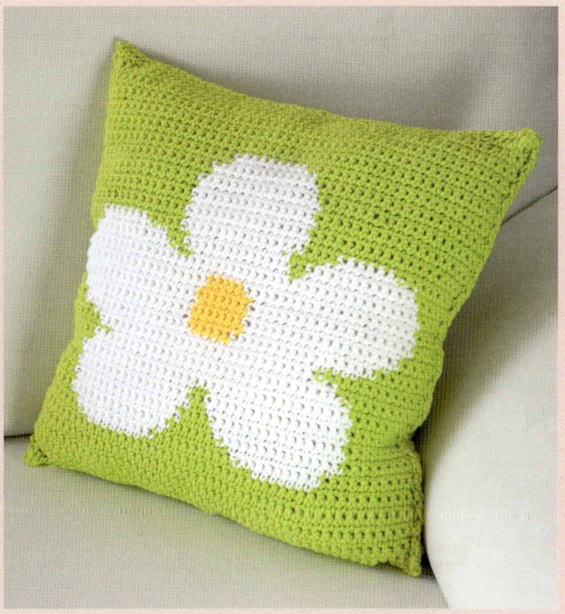

HÄKELVORLAGE

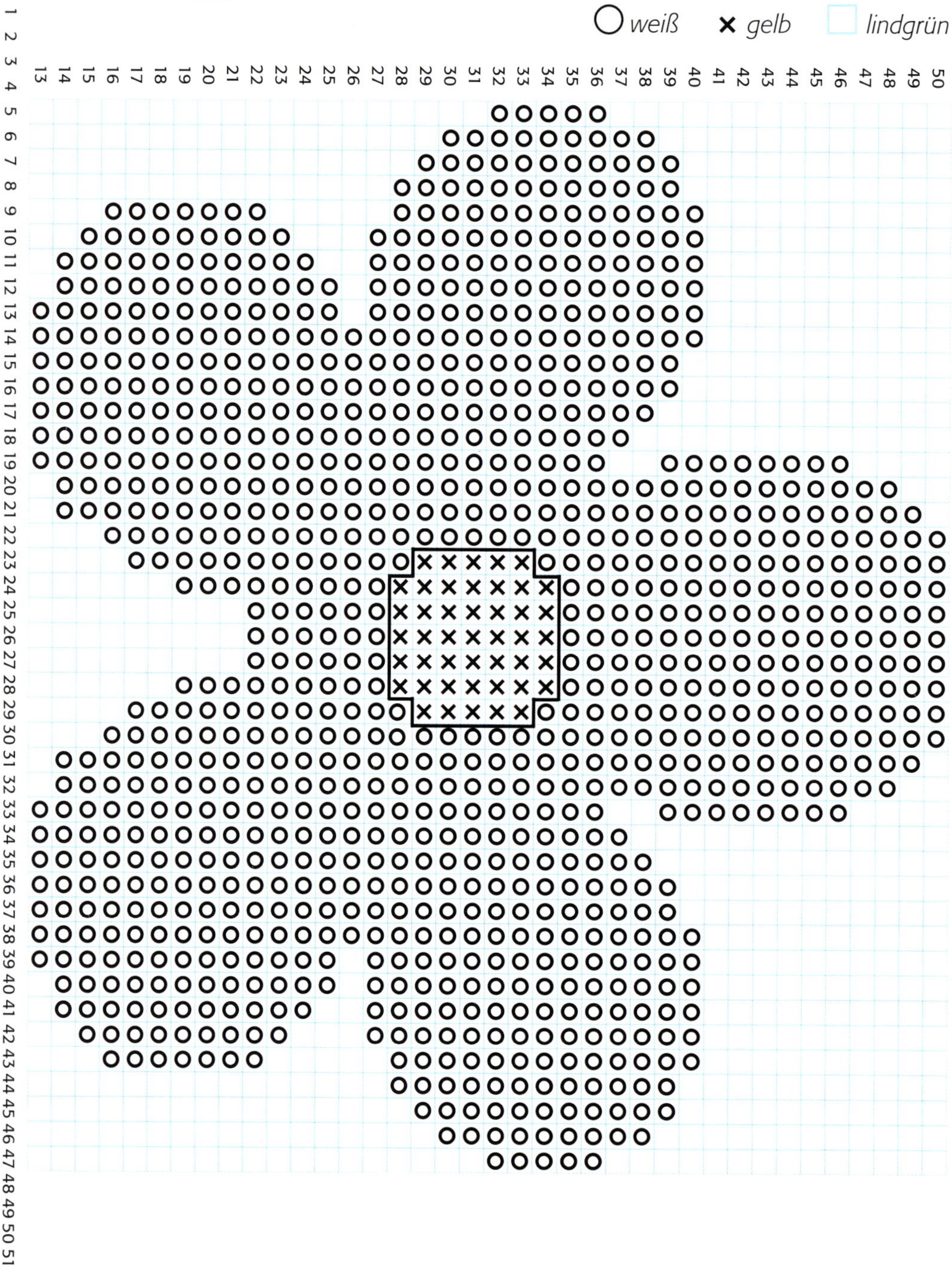

Kissen
mit Tulpen

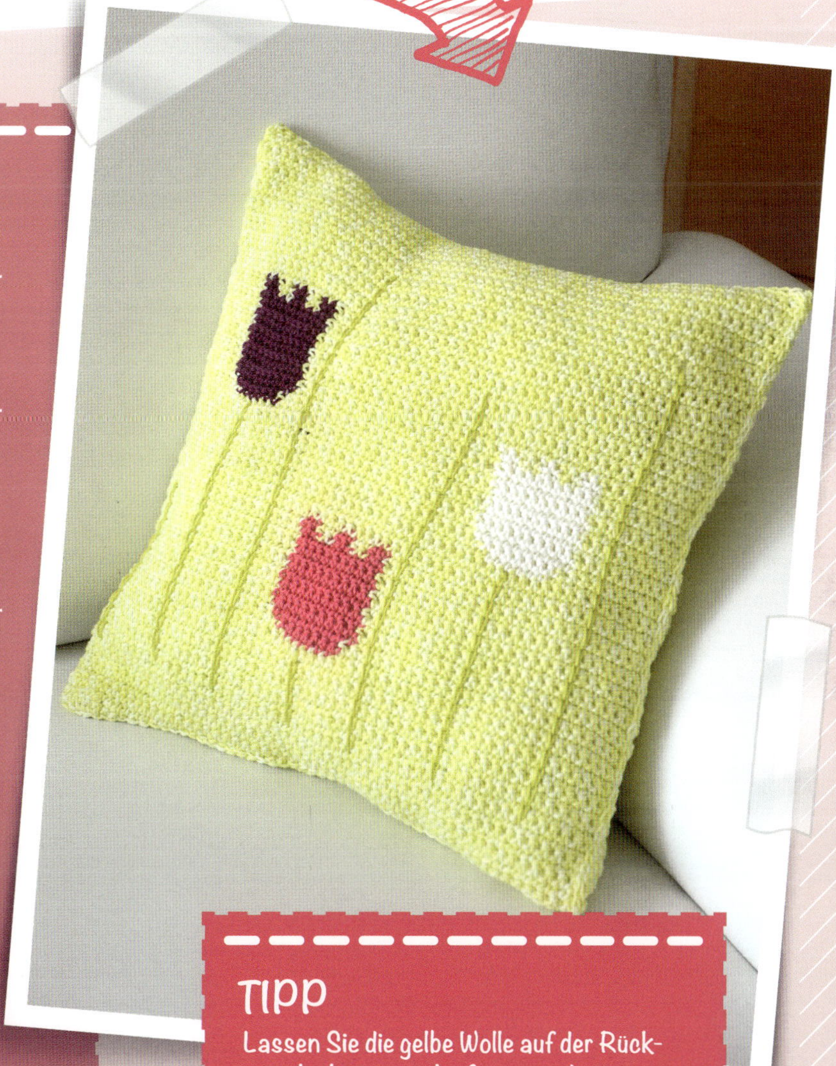

Schwierigkeitsgrad
mittel

Größe
ca. 35 x 35 cm

Maschenprobe
Mit Häkelnadel Nr. 2,5 in festen Maschen gehäkelt; 17 Maschen und 20 Reihen = 10 x 10 cm

Material
200 g Catania Denim/Schachenmayr, Farbe: 0120, gelb
50 g Catania/Schachenmayr, Farbe: 0128, fuchsia
50 g Catania/Schachenmayr, Farbe: 0105, creme
50 g Catania/Schachenmayr, Farbe: 0114, pink
50 g Catania/Schachenmayr, Farbe: 0245, grün
Häkelnadel Nr. 2,5
Füllkissen und/oder Füllwatte
Sticknadel
Schere

TIPP
Lassen Sie die gelbe Wolle auf der Rückseite locker weiterlaufen, so reduzieren sich die zu vernähenden Fäden auf ein Minimum. Achten Sie darauf, dass keine Spannung entsteht.

Anleitung

(Abkürzungen und Erklärungen siehe Kapitel Allgemeines, Seite 7 ff.)

Für den vorderen Teil des Kissens schlagen Sie 58 Lm in Gelb an und häkeln Sie wie folgt:
1. Reihe: 1 Lm und in jede weitere Lm eine fM in Gelb (= *58 fM*), wenden.
2.–17. Reihe: 1 Lm und 58 fM gelb, wenden.
18.–52. Reihe: Arbeiten Sie nach der Vorlage weiter. Die Vorlage zeigt in der waagrechten Linie die Anzahl der Maschen und in der senkrechten Linie die Reihen 8–58. Jedes Kästchen entspricht einer Masche und einer Farbe, wobei die Maschen 1–4 und 48–51 fortlaufend in Gelb gehäkelt werden. Beginnen Sie jede Reihe mit einer Lm und häkeln Sie in der angegebenen Farbe mit fM weiter. Achten Sie darauf, dass Sie die Masche vor dem Farbwechsel bereits in der neuen Farbe abmaschen (*siehe Kapitel Allgemeines, Seite 12 f.*).

ACHTUNG

Beginnen Sie die Reihe 18 von rechts gelesen und häkeln Sie nun abwechselnd von links und von rechts in der Pfeilrichtung (siehe Kapitel Allgemeines, Vorlage lesen, Unregelmäßiges Motiv, Seite 9 f.).
Wichtig ist, dass Sie in der ersten Reihe die Fäden beim Farbwechsel nach hinten klappen. Somit haben Sie bereits Ihre Kissenrückseite, auf der Sie nun alle Fäden bzw. Fadenenden verlaufen lassen.

53.–69. Reihe: 1 Lm und 58 fM gelb, wenden.
Nach der letzten Masche machen Sie eine Km, schneiden den Faden mit einer Länge von ca. 10 cm ab und ziehen diesen durch die Masche.

Für den hinteren Teil des Kissens schlagen Sie 58 Lm in Gelb an und häkeln Sie wie folgt:
1. Reihe: 1 Lm und in jede Lm eine fM in Gelb (= *58 fM*), wenden.
2.–69. Reihe: 1 Lm und 58 fM gelb, wenden.
Nach der letzten Masche machen Sie eine Km, schneiden den Faden mit einer Länge von 10 cm ab und ziehen diesen durch die Masche.

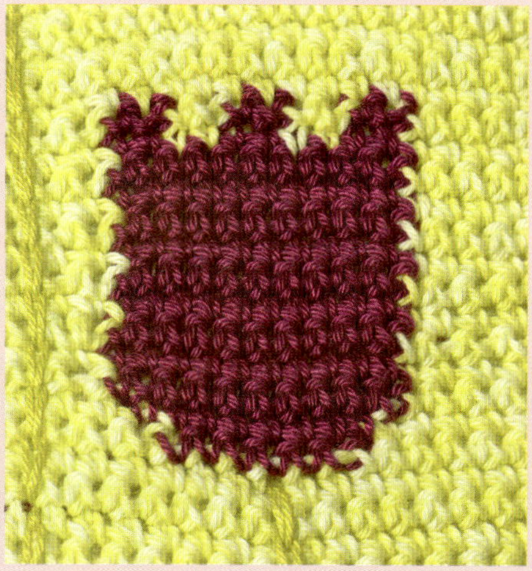

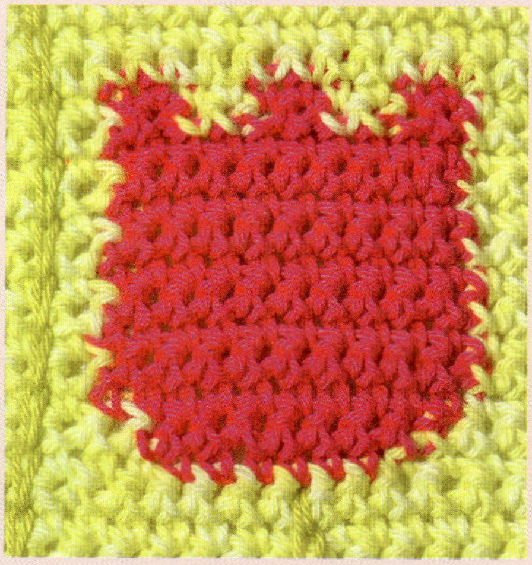

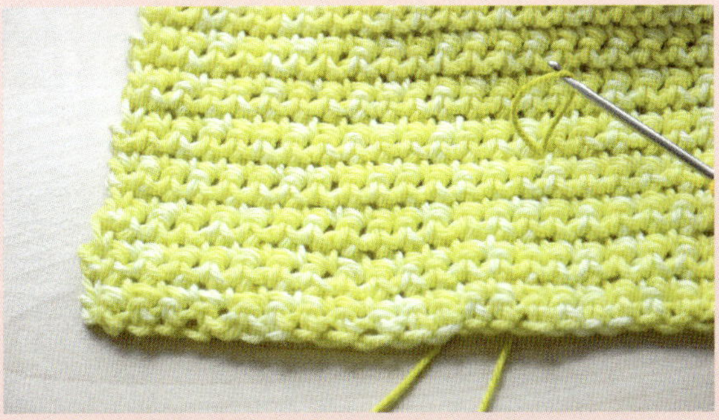

***Abb. 45:** Stängel und Blätter aufhäkeln.*

Fertigstellung

Vernähen Sie alle Fadenenden mit der Sticknadel auf der Rückseite. Achten Sie darauf, dass Sie die Fäden immer im farblich identen Bereich vernähen.
Legen Sie die beiden Kissenteile links auf links, Oberkante auf Oberkante und häkeln Sie das Kissen an drei Seiten mit gelbem Garn und Kettmaschen zusammen (*siehe Kapitel Allgemeines, Seite 14 f.*).
Stecken Sie die Kissenfüllung hinein und schließen Sie auch die letzte Seite. Vernähen Sie die Fadenenden.

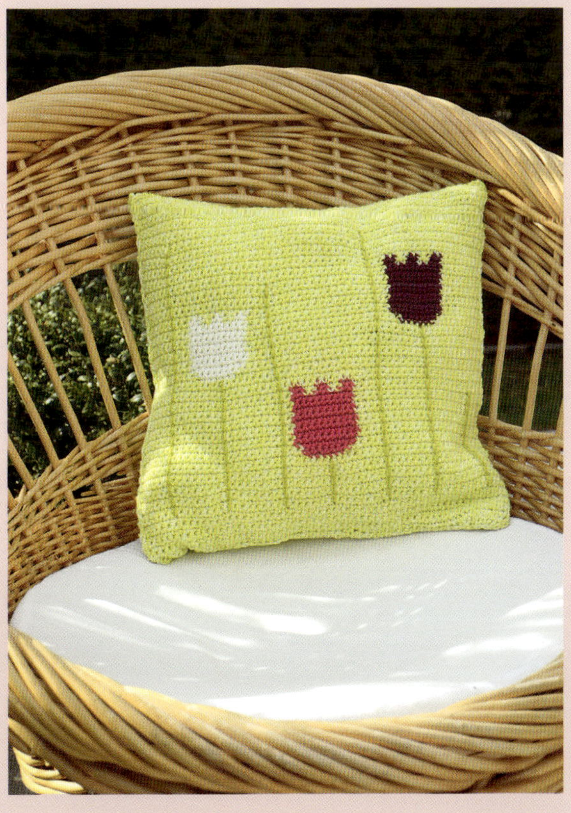

Stängel und Blätter mit Luftmaschen-Ziernaht aufhäkeln

(siehe Kapitel Allgemeines, Seite 16 f.)

Die Stängel und Blätter werden mit einer Ziernaht aus Luftmaschen gehäkelt und sind in der Vorlage mit V eingezeichnet. Für die Stängel zählen Sie von der Unterkante 7 Reihen hinauf und beginnen im Zwischenraum zwischen der 14. und 15., der 29. und 30. sowie der 44. und 45. Masche. Nehmen Sie hierzu das grüne Garn und holen Sie mit der Häkelnadel von der Unterseite eine Schlaufe. Ziehen Sie eine Schlaufe nach oben (*Abb. 45*). Stechen Sie mit der Häkelnadel in den zweiten Zwischenraum senkrecht darüber nach unten und holen Sie erneut eine Schlaufe. Wiederholen Sie nun diese Arbeitsschritte und häkeln Sie die Stängel bis zur Blüte.
Schneiden Sie dort das Garn mit einer Länge von 10 cm ab, stechen Sie mit der Häkelnadel von unten nach oben, stülpen sie die Schlaufe über die vorangegangene Schlinge und ziehen Sie diese nach hinten. Wiederholen Sie diese Arbeitsschritte nun bei den Blättern. Beginnen sie hier ebenfalls nach der 7. Reihe von unten und häkeln Sie diese zwischen der 6. und 7. Masche, der 22. und 23. Masche, der 37. und 38. und der 52. und 53. Masche auf. Achten Sie dabei auf die Länge der Blätter, diese sind in der Vorlage eingezeichnet.

HÄKELVORLAGE

× weiß/pink/fuchsia gelb HÄKELRICHTUNG

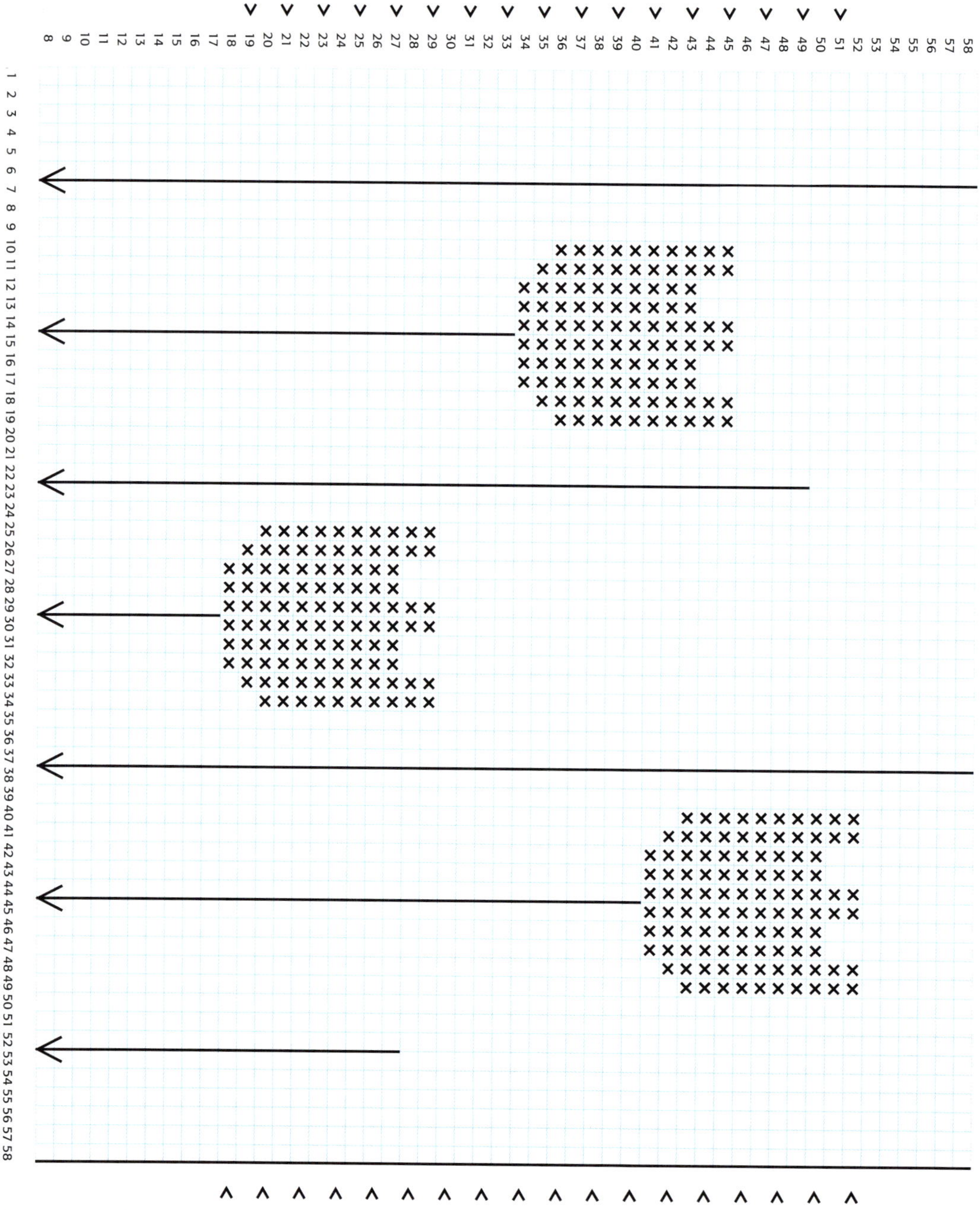

Gestreiftes Kissen
mit Blumen

Schwierigkeitsgrad
mittel

Größe
ca. 35 x 35 cm

Maschenprobe
Mit Häkelnadel Nr. 2,5 in festen Maschen gehäkelt; 17 Maschen und 20 Reihen = 10 x 10 cm

Material
100 g Catania/Schachenmayr, Farbe: 0222, rosa
100 g Catania/Schachenmayr, Farbe: 0130, creme
50 g Catania/Schachenmayr, Farbe 0128, fuchsia
Häkelnadel Nr. 2,5
Füllkissen und/oder Füllwatte
Sticknadel
Schere

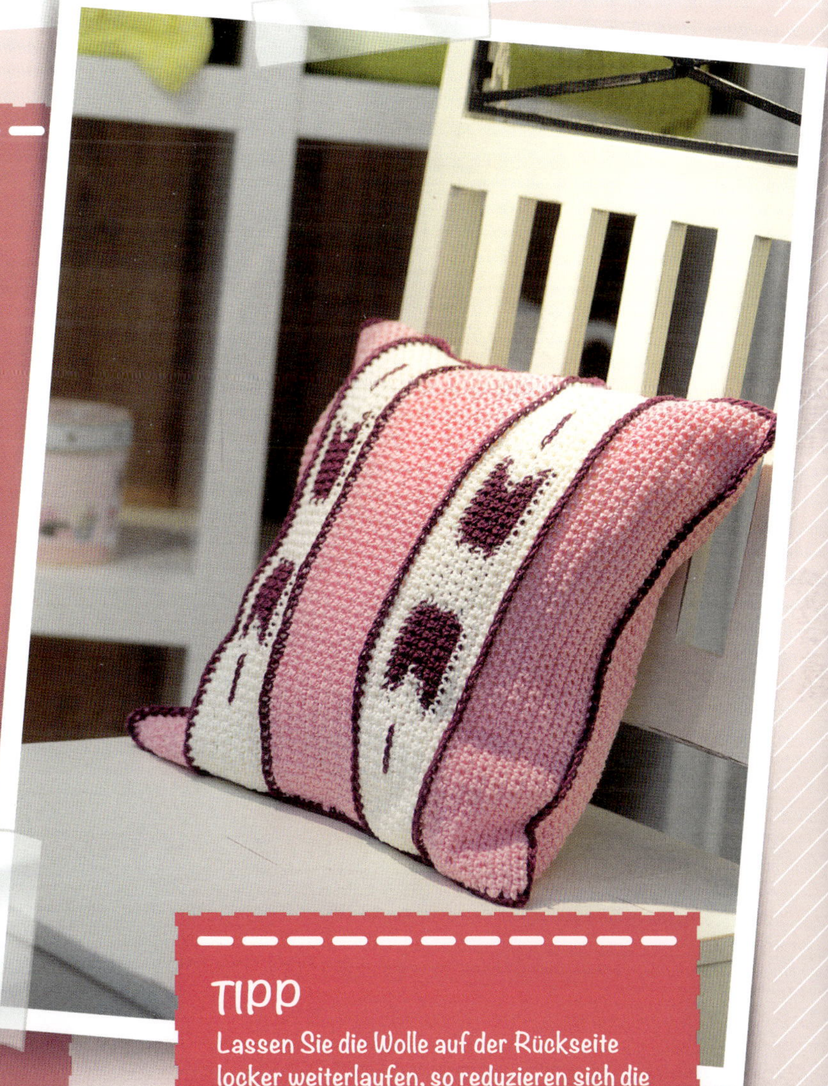

TIPP

Lassen Sie die Wolle auf der Rückseite locker weiterlaufen, so reduzieren sich die zu vernähenden Fäden auf ein Minimum. Achten Sie darauf, dass keine Spannung entsteht.

Anleitung

(Abkürzungen und Erklärungen siehe Kapitel Allgemeines, Seite 7 ff.)

Für den vorderen Teil des Kissens schlagen Sie 52 Lm in Rosa an und häkeln Sie wie folgt:
1. Reihe: 1 Lm und in jede weitere Lm eine fM in Rosa (*= 52 fM*), wenden.
2.–14. Reihe: 1 Lm und 52 fM rosa, wenden.
15.–17. Reihe: 1 Lm und 52 fM in Creme, wenden.
18.–24. Reihe: Arbeiten Sie nach der Vorlage. Die Vorlage zeigt in der waagrechten Linie die Anzahl der Maschen und in der senkrechten Linie die Reihen 18–24. Jedes Kästchen entspricht einer Masche und einer Farbe. Beginnen Sie jede Reihe mit einer Lm und häkeln Sie in der angegebenen Farbe mit fM weiter. Achten Sie darauf, dass Sie die Masche vor dem Farbwechsel bereits in der neuen Farbe abmaschen (*siehe Kapitel Allgemeines, Seite 12 f.*).

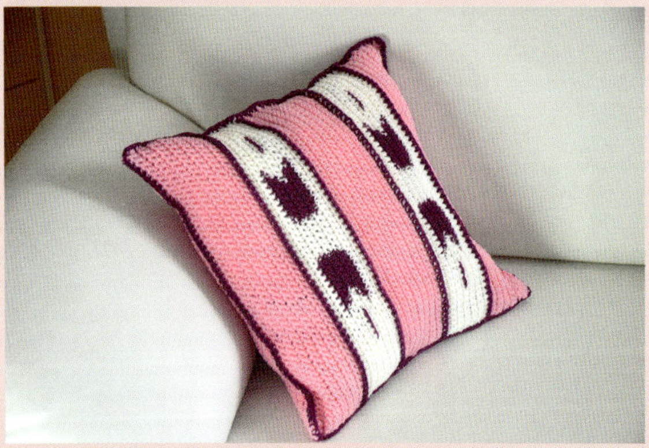

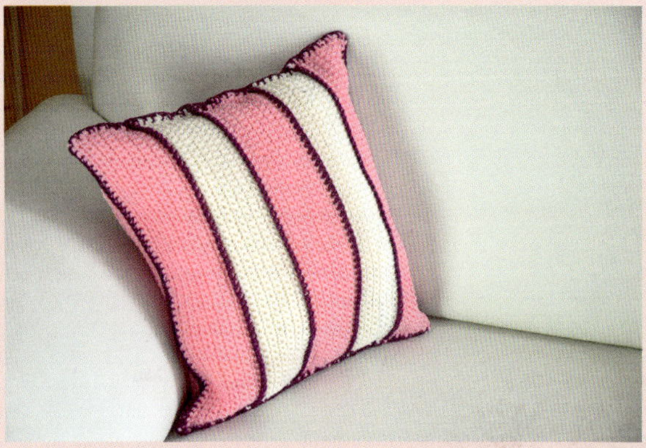

25.–27. Reihe: 1 Lm und 52 fM creme, wenden.
28.–41. Reihe: 1 Lm und 52 fM rosa, wenden.
42.–44. Reihe: 1 Lm und 52 fM creme, wenden.
45.–51. Reihe: Wiederholen Sie die Reihen 18–24 nach der Vorlage.
52.–54. Reihe: 1 Lm und 52 fM creme, wenden.
55.–68. Reihe: 1 Lm und 52 fM rosa, wenden.
Nach der letzten Masche machen Sie eine Km, schneiden den Faden mit einer Länge von ca. 10 cm ab und ziehen diesen durch die Masche.

Für die Rückseite des Kissens schlagen Sie 52 fM in Rosa an und häkeln Sie wie folgt:
1.–14. Reihe: 1 Lm und 52 fM rosa, wenden.
15.–27. Reihe: 1 Lm und 52 fM creme, wenden.
28.–41. Reihe: 1 Lm und 52 fM in Rosa, wenden.
42.–54. Reihe: 1 Lm und 52 fM in Creme, wenden.
55.–68. Reihe: 1 Lm und 52 fM in Rosa, wenden.
Nach der letzten Masche machen Sie eine Lm, schneiden den Faden mit einer Länge von 10 cm ab und ziehen diesen durch die Masche.

Ziernaht aus festen Maschen

(siehe Kapitel Allgemeines, Seite 15 f.)

Falten Sie den Vorderteil direkt entlang der Farbwechsel zwischen der 14. und 15. Reihe und häkeln Sie für die Struktur eine Ziernaht aus festen Maschen auf (*Abb. 46, 47, 48*). Schneiden Sie den Faden mit einer Länge von ca. 10 cm ab, ziehen diesen durch die Masche und vernähen das Ende. Wiederholen Sie nun diese Arbeitsschritte bei jedem Farbwechsel (*zwischen der 27. und 28., 41. und 42. sowie 54. und 55. Reihe*). Anschließend wiederholen Sie diese Arbeitsschritte beim zweiten Kissenteil.

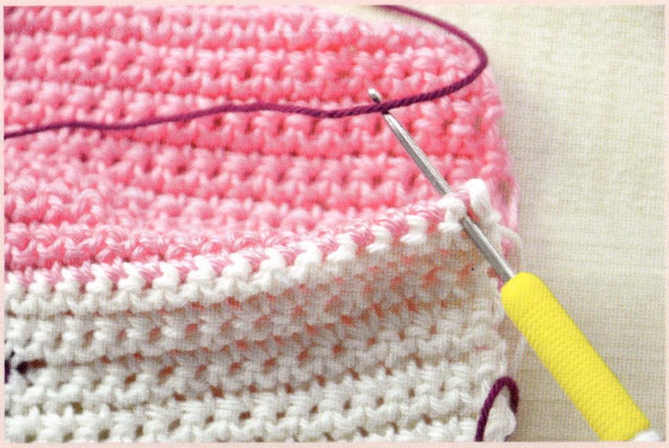

Abb. 46: Den Faden holen.

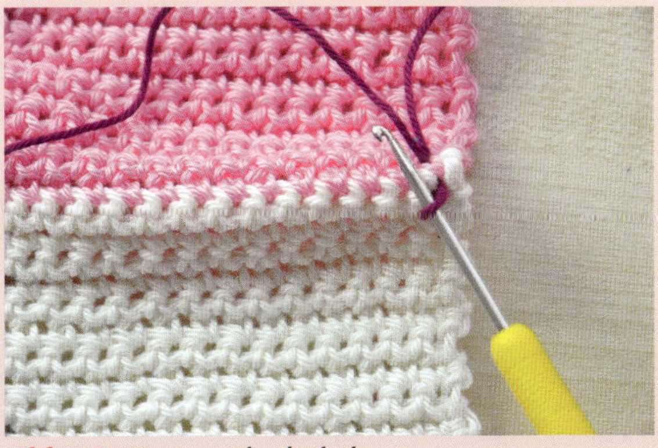

Abb. 47: Kettmasche häkeln.

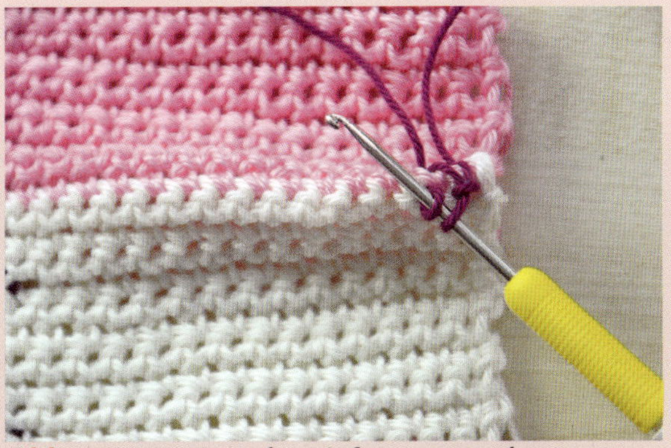

Abb. 48: Die Ziernaht mit festen Maschen aufhäkeln.

Ziernaht aus Luftmaschen

(siehe Kapitel Allgemeines, Seite 16 f.)

Häkeln Sie die Ziernaht aus Luftmaschen bei allen vier Lilien auf, beginnend im 4. Zwischenraum mittig der Lilien mit 5 Maschen (*Abb. 49, 50, 51, 52*). Schneiden Sie den Faden mit einer Länge von ca. 10 cm ab, ziehen diesen durch die Masche und vernähen die Enden auf der Rückseite.

Fertigstellung

Vernähen Sie alle Fadenenden mit der Sticknadel auf der Rückseite. Achten Sie darauf, dass Sie die Fäden immer im farblich identen Bereich vernähen.
Legen Sie die beiden Kissenteile links auf links, so-

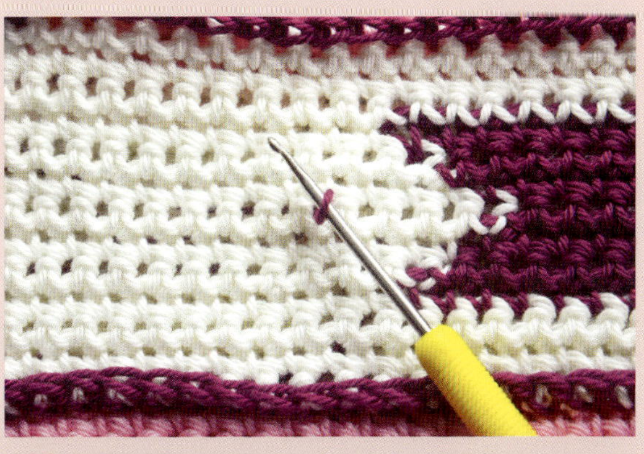

Abb. 49: Luftmaschenziernaht – 1. Schritt

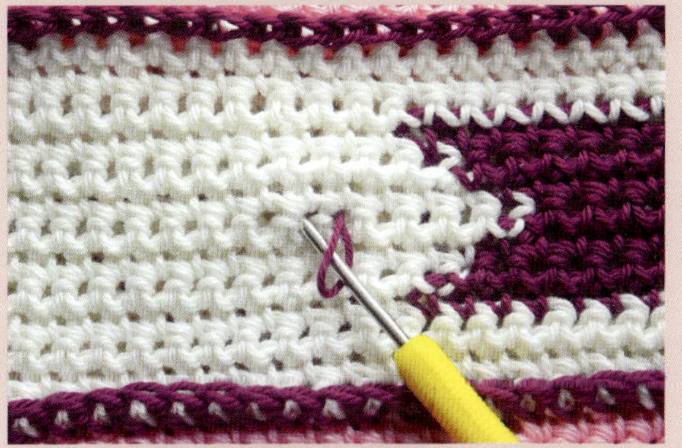

Abb. 50: Luftmaschenziernaht – 2. Schritt

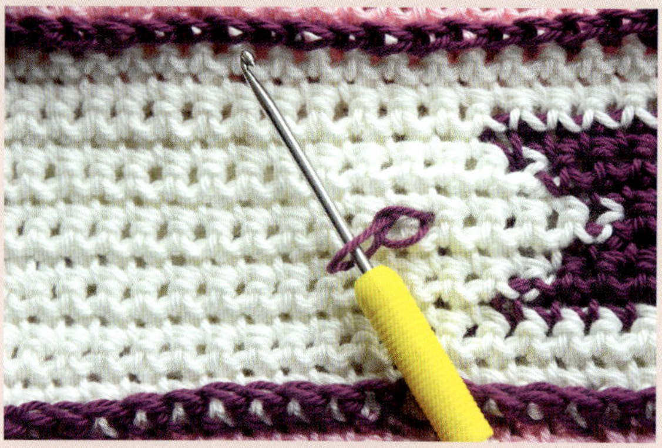

Abb. 51: *Luftmaschenziernaht – 3. Schritt*

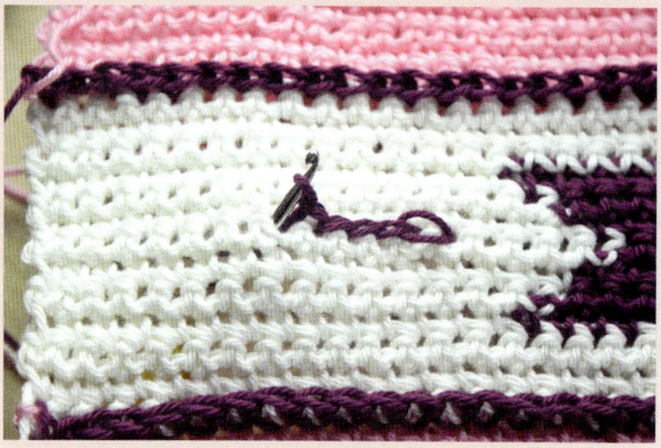

Abb. 52: *Insgesamt 5 Luftmaschen häkeln.*

dass die Streifen senkrecht verlaufen, und häkeln Sie das Kissen an drei Seiten mit fuchsiafarbenem Garn und festen Maschen zusammen (*siehe Kapitel Allgemeines, Seite 15*).

Stecken Sie die Kissenfüllung hinein und schließen Sie auch die letzte Seite mit festen Maschen. Vernähen Sie die Fadenenden.

HÄKELVORLAGE

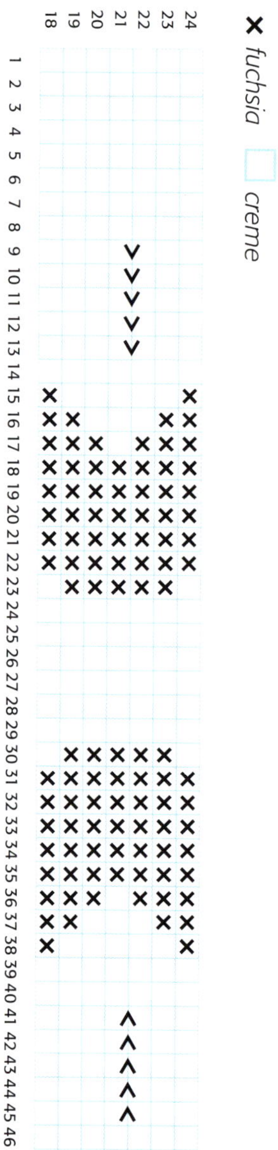

KAPITEL 3

Landhausstil traditionell

Klassik trifft Tradition

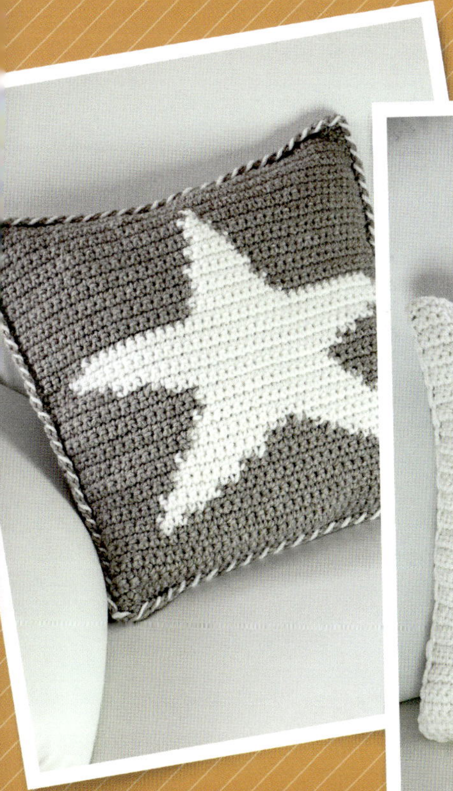
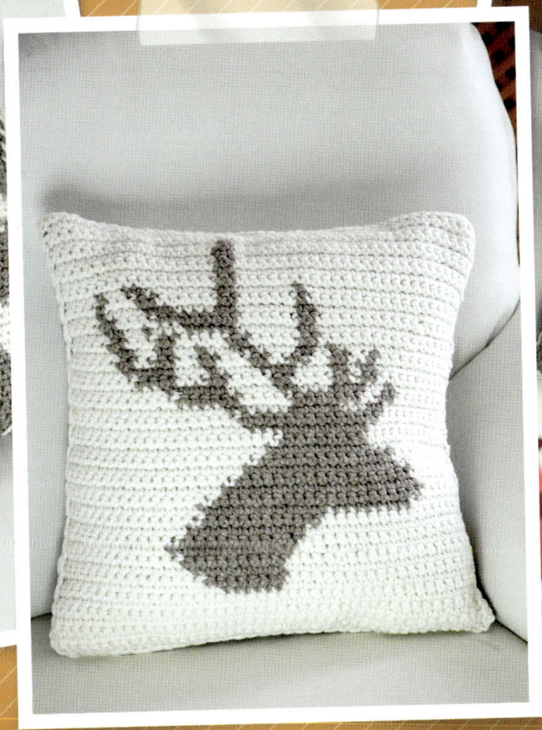
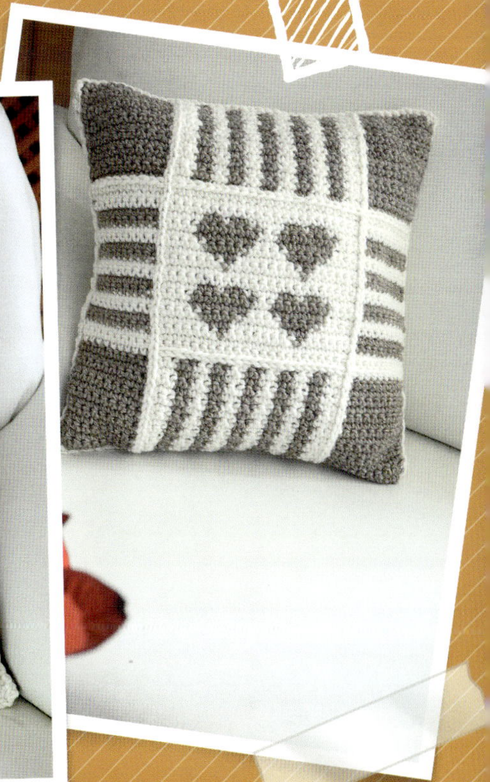

Kissen
in Rot-Weiß

Schwierigkeitsgrad
mittel

Größe
ca. 40 x 40 cm

Maschenprobe
Mit Häkelnadel Nr. 4 in festen Maschen gehäkelt; 13 Maschen und 15 Reihen = 10 x 10 cm

Material
200 g Microfasergarn Micro Grande/Schachenmayr, Farbe: 00130, rot
100 g Microfasergarn Micro Grande/Schachenmayr, Farbe: 00101, weiß
Häkelnadel Nr. 4
Füllwatte und/oder Füllkissen
Sticknadel
Schere

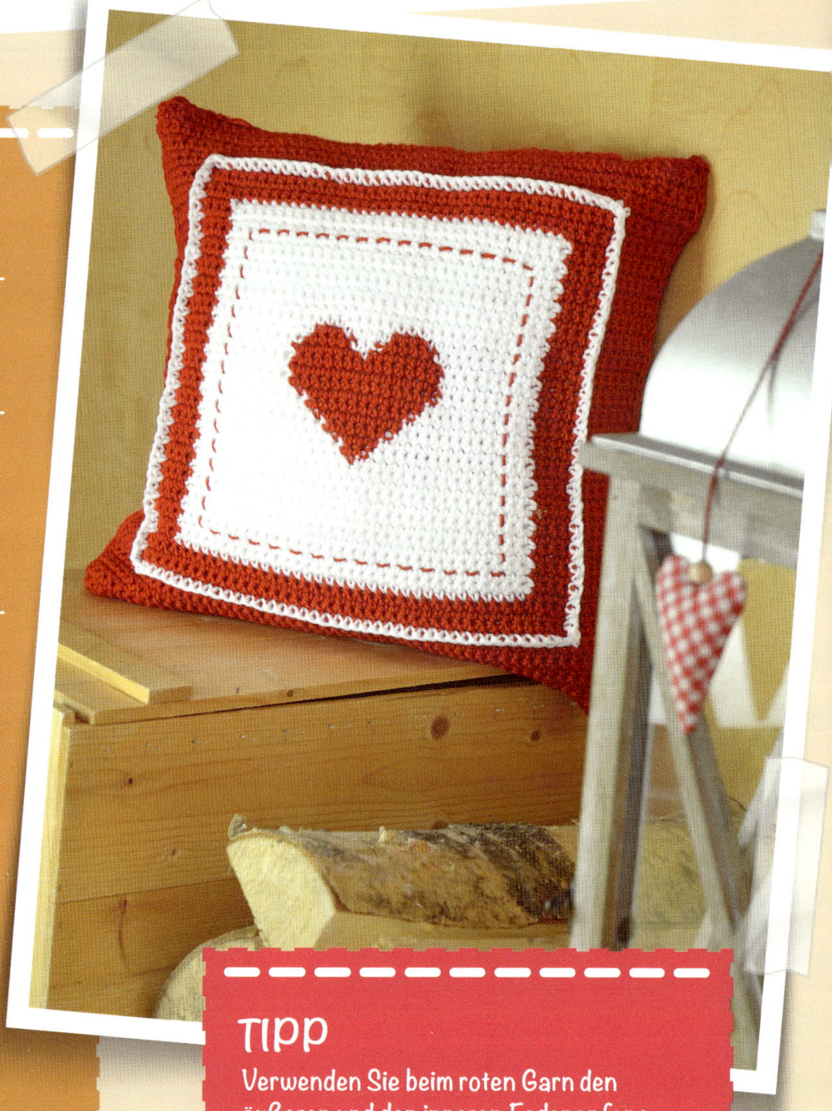

TIPP
Verwenden Sie beim roten Garn den äußeren und den inneren Fadenanfang. So reduzieren sich die zu vernähenden Fäden auf ein Minimum.

Anleitung

(Abkürzungen und Erklärungen siehe Kapitel Allgemeines, Seite 7 ff.)

Für den vorderen Teil des Kissens schlagen Sie 55 Lm in Rot an und häkeln Sie wie folgt:
1. Reihe: 1 Lm und je 1 fM in jede weitere Luftmasche rot (= *55 fM*), wenden.
2.–12. Reihe: 1 Lm und 55 fM rot, wenden.
13.–49. Reihe: Arbeiten Sie nach der Vorlage. Die Vorlage zeigt in der waagrechten Linie die Anzahl der Maschen und in der senkrechten Linie die Reihen 13–49. Jedes Kästchen entspricht einer Masche und einer Farbe, wobei die Maschen 1–11 und 45–55 in Rot gehäkelt werden. Beginnen Sie jede Reihe mit einer Lm und häkeln Sie in der angegebenen Farbe mit fM weiter. Achten Sie darauf, dass Sie die Masche vor dem Farbwechsel bereits in der neuen Farbe abmaschen (*siehe Kapitel Allgemeines, Seite 12 f.*).
50.–61. Reihe: 1 Lm und 55 fM rot, wenden.
Nach der letzten Masche machen Sie eine Km, schneiden den Faden mit einer Länge von ca. 10 cm ab und ziehen diesen durch die Masche.

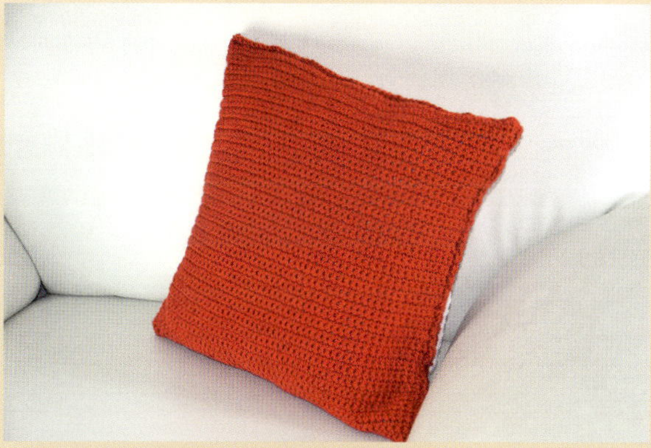

Für den hinteren Teil des Kissens schlagen Sie 55 Lm in Rot an und häkeln Sie wie folgt:
1. Reihe: 1 Lm und je 1 fM in jede weitere Luftmasche rot (= *55 fM*), wenden.
2.–61. Reihe: 1 Lm und 55 fM rot, wenden.
Nach der letzten Masche machen Sie eine Km, schneiden den Faden mit einer Länge von ca. 10 cm ab und ziehen diesen durch die Masche.

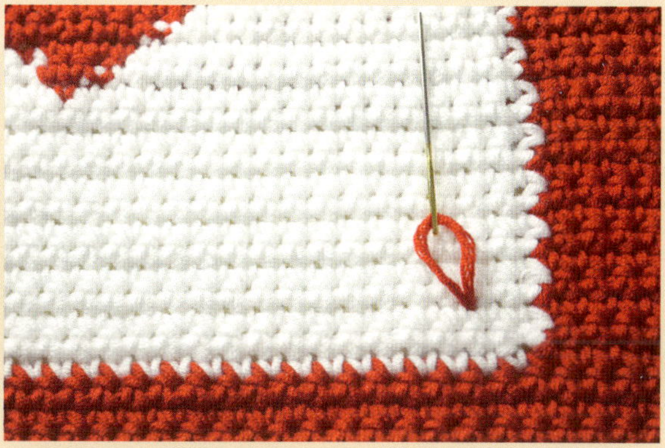

Abb. 53: ***Vorstichnaht – von unten nach oben einstechen***

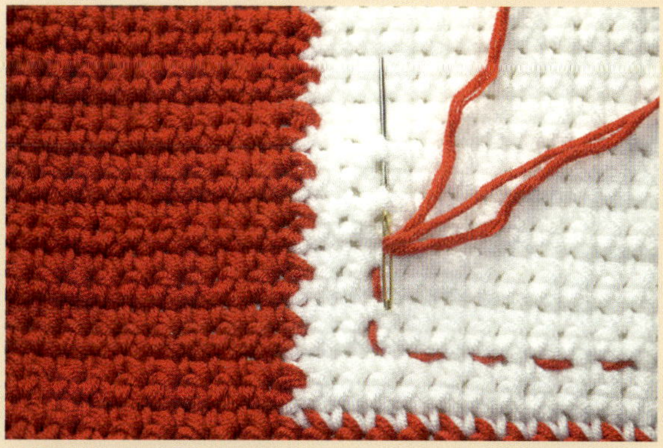

Abb. 54: ***Abwechselnd nach unten und nach oben einstechen.***

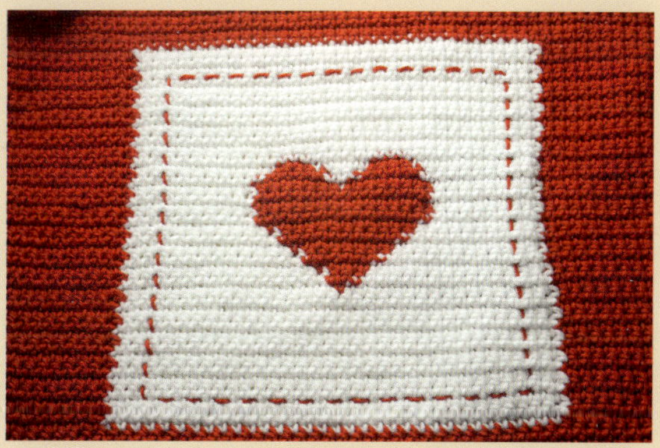

Abb. 55: ***Die Vorstichnaht ist fertiggestellt.***

Vorstichnaht

(siehe Kapitel Allgemeines, Seite 18)

Nähen Sie eine Vorstichnacht im weißen Feld, 2 Reihen und 2 Maschen hereingerückt, mit rotem Garn auf (*Abb. 53, 54, 55*).

Ziernaht aus festen Maschen

(siehe Kapitel Allgemeines, Seite 15 f.)

Häkeln Sie die weiße Ziernaht drei Reihen über und unter dem weißen Farbeinsatz sowie drei Maschen rechts und links davon mit festen Maschen auf den Vorderteil auf. Achten Sie beim Häkeln darauf, dass Sie locker arbeiten, damit keine Spannung entsteht.

Fertigstellung

Vernähen Sie alle Fadenenden mit der Sticknadel auf der Rückseite. Achten Sie darauf, dass Sie die Fäden immer im farblich identen Bereich vernähen.
Legen Sie die beiden Kissenteile links auf links, Oberkante auf Oberkante und häkeln Sie das Kissen an drei Seiten mit rotem Garn und Kettmaschen zusammen (*siehe Kapitel Allgemeines, Seite 14 f.*). Stecken Sie die Kissenfüllung hinein und schließen Sie auch die letzte Seite mit Kettmaschen. Vernähen Sie die Fadenenden.

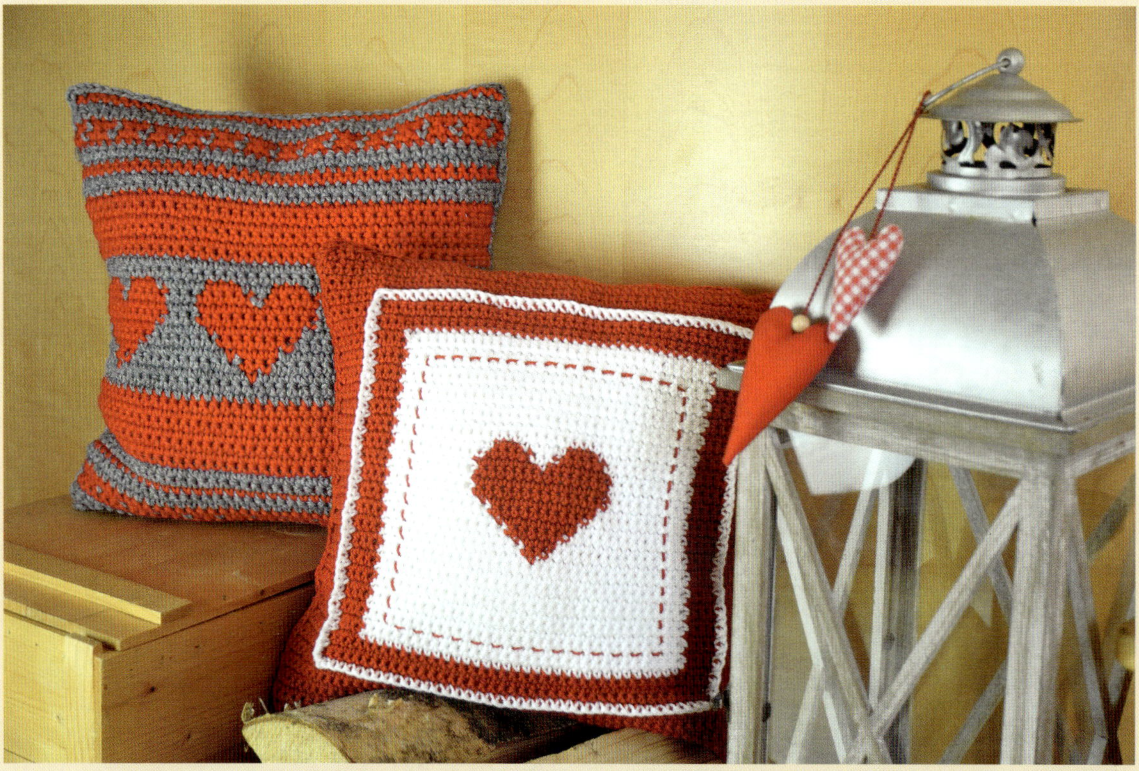

HÄKELVORLAGE

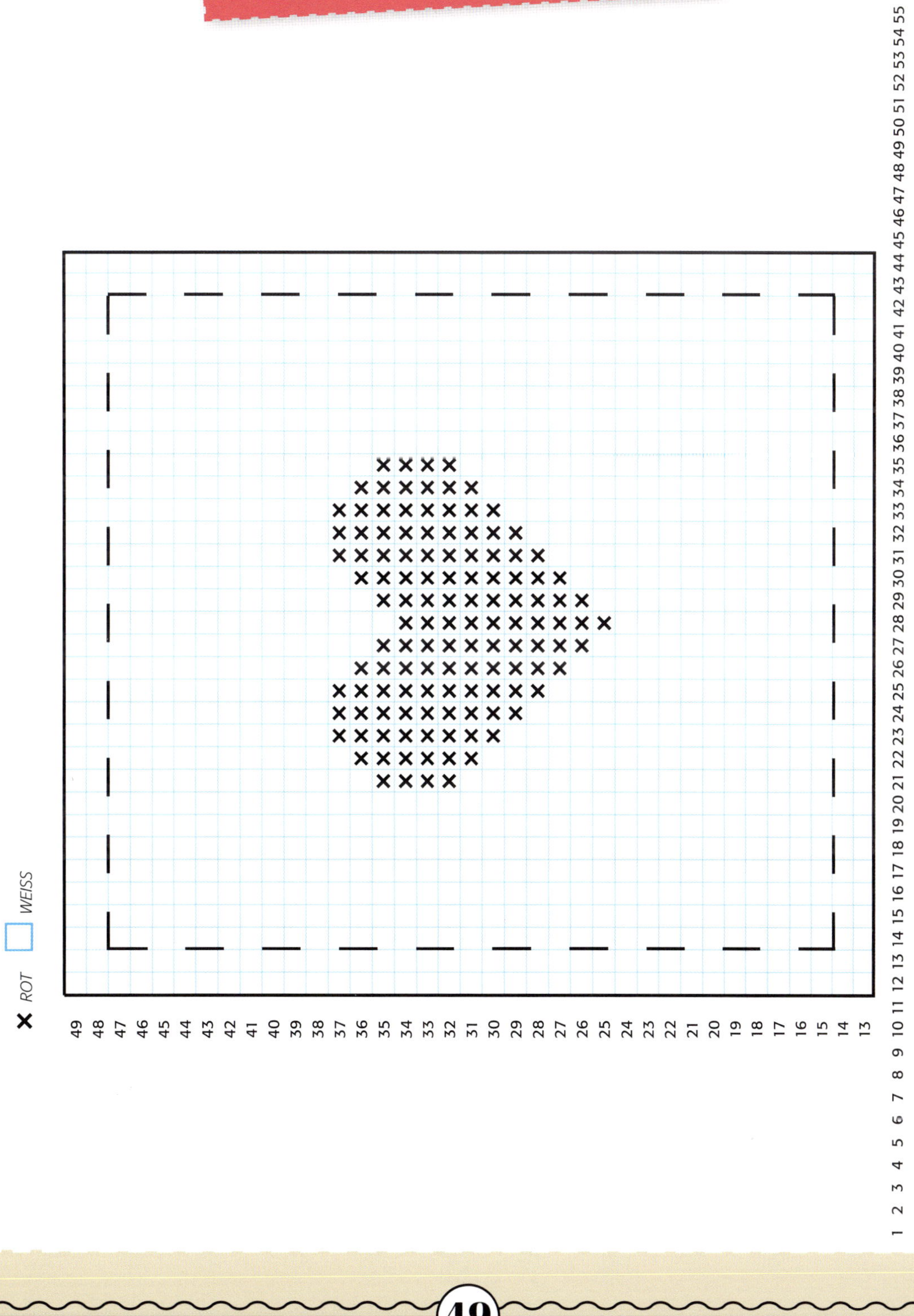

Kissen
mit Hirschmotiv

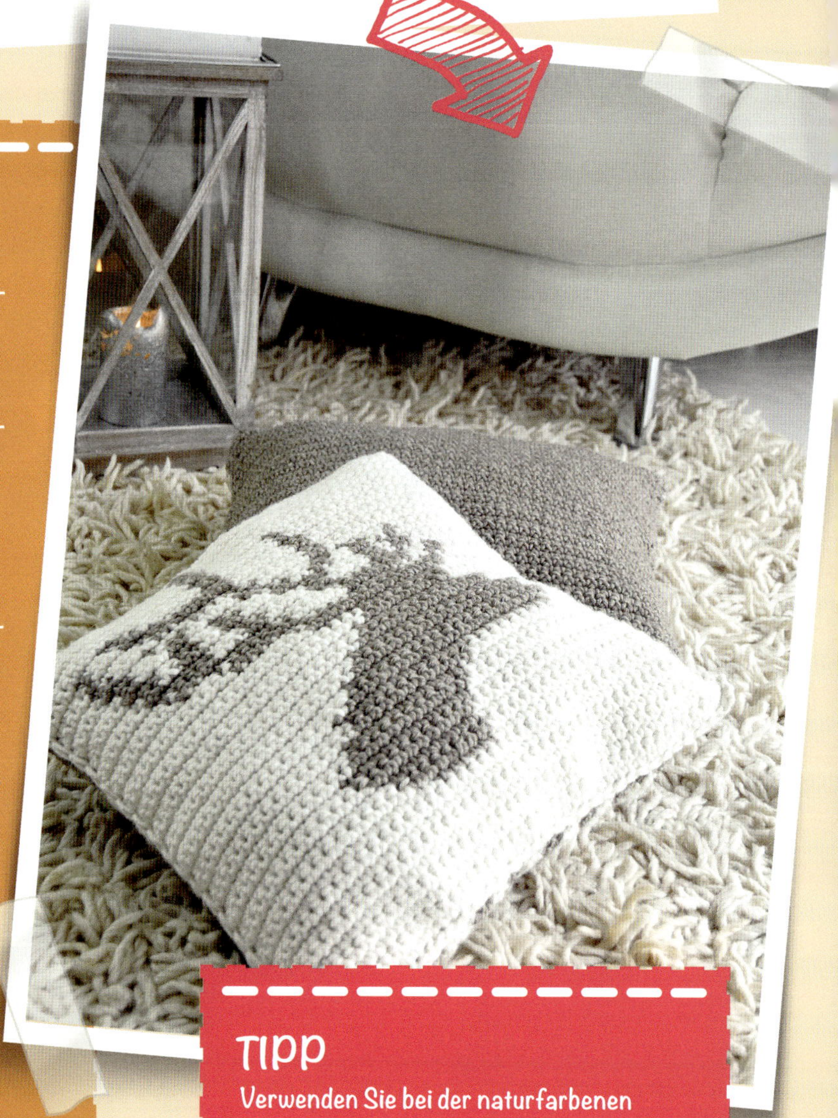

Schwierigkeitsgrad
mittel

Größe
ca. 40 x 40 cm

Maschenprobe
Mit Häkelnadel Nr. 5 in festen Maschen gehäkelt; 11 Maschen und 12 Reihen = 10 x 10 cm

Material
350 g Wolle Boston/Schachenmayr, Farbe: 00002, natur
50 g Wolle Boston/Schachenmayr, Farbe: 00004, sisal
Häkelnadel Nr. 5
Füllkissen und/oder Füllwatte
Sticknadel
Schere

TIPP
Verwenden Sie bei der naturfarbenen Wolle das äußere und innere Fadenende. So reduzieren sich die zu vernähenden Fäden auf ein Minimum.

Anleitung

(Abkürzungen und Erklärungen siehe Kapitel Allgemeines, Seite 7 ff.)

Für den vorderen Teil des Kissens schlagen Sie 44 Lm in Natur an und häkeln Sie wie folgt:
1. Reihe: 1 Lm und danach je 1 fM in jede weitere Lm natur (= *44 fM*), wenden.
2.–8. Reihe: 1 Lm, 44 fM natur, wenden.
9.–45. Reihe: Arbeiten Sie nach der Vorlage weiter. Die Vorlage zeigt in der waagrechten Linie die Anzahl der Maschen und in der senkrechten Linie die Reihen 9–45. Jedes Kästchen entspricht einer Masche und einer Farbe, wobei die Maschen 1–4 und 37–44 in Sisal gehäkelt werden. Beginnen Sie jede Reihe mit einer Lm und häkeln Sie in der angegebenen Farbe mit fM weiter. Achten Sie darauf, dass Sie die Masche vor dem Farbwechsel bereits in der neuen Farbe abmaschen (*siehe Kapitel Allgemeines, Seite 12 f.*).

ACHTUNG

Beginnen Sie die Reihe 9 von rechts gelesen und häkeln Sie nun abwechselnd von links und von rechts in der Pfeilrichtung (*siehe Kapitel Allgemeines, Vorlage lesen, Unregelmäßiges Motiv, Seite 9 f.*). Wichtig ist, dass Sie in der ersten Reihe die Fäden beim Farbwechsel nach hinten klappen. Somit haben Sie bereits Ihre Kissenrückseite, auf der Sie nun alle Fäden bzw. Fadenenden verlaufen lassen.

46.–48. Reihe: 1 Lm, 44 fM natur, wenden.
Nach der letzten Masche machen Sie eine Km, schneiden den Faden mit einer Länge von ca. 10 cm ab und ziehen diesen durch die Masche.

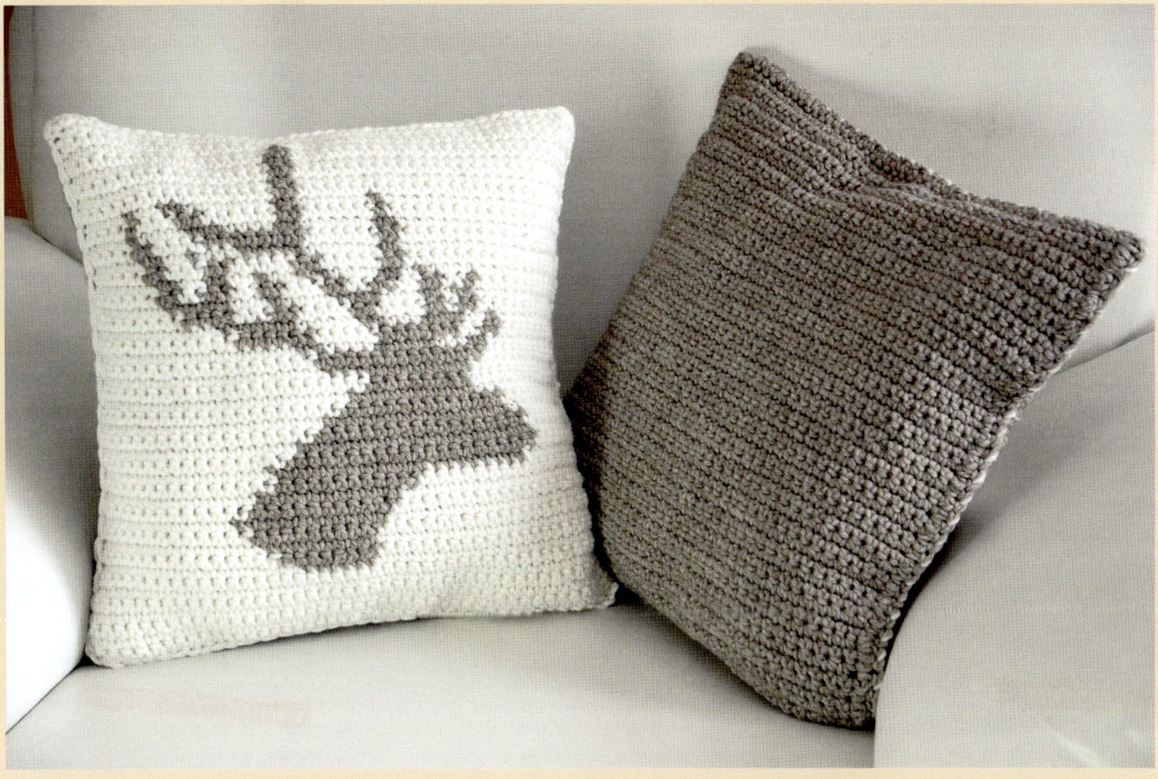

Für den hinteren Teil des Kissens schlagen Sie 44 Lm in Natur an und häkeln Sie wie folgt:
1. Reihe: 1 Lm und in jede weitere Lm eine fM natur (= *44 fM*), wenden.
2.–48. Reihe: 1 Lm und 44 fM natur, wenden.
Nach der letzten Masche machen Sie eine Km, schneiden den Faden mit einer Länge von ca. 10 cm ab und ziehen diesen durch die Masche.

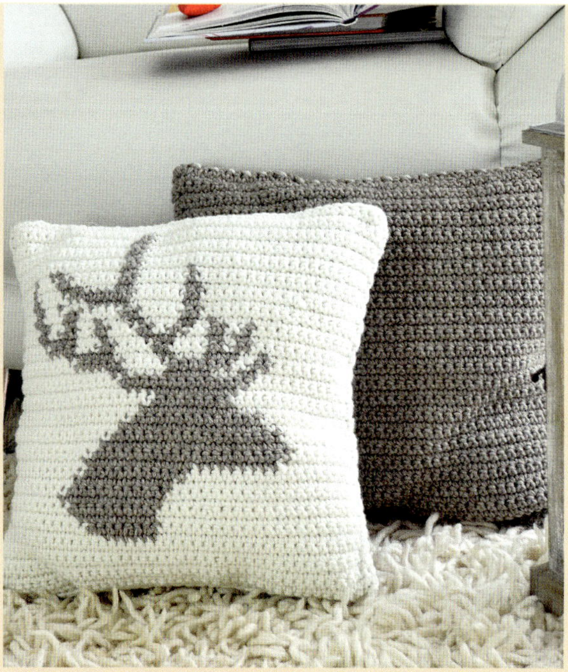

Fertigstellung

Vernähen Sie alle Fadenenden mit der Sticknadel auf der Rückseite. Achten Sie darauf, dass Sie die Fäden immer im farblich identen Bereich vernähen. Legen Sie die beiden Kissenteile links auf links, Oberkante auf Oberkante und häkeln Sie das Kissen mit naturfarbener Wolle und Kettmaschen zusammen (*siehe Kapitel Allgemeines, Seite 14 f.*). Stecken Sie die Kissenfüllung hinein und schließen Sie auch die letzte Seite mit Kettmaschen. Vernähen Sie die Fadenenden.

HÄKELVORLAGE

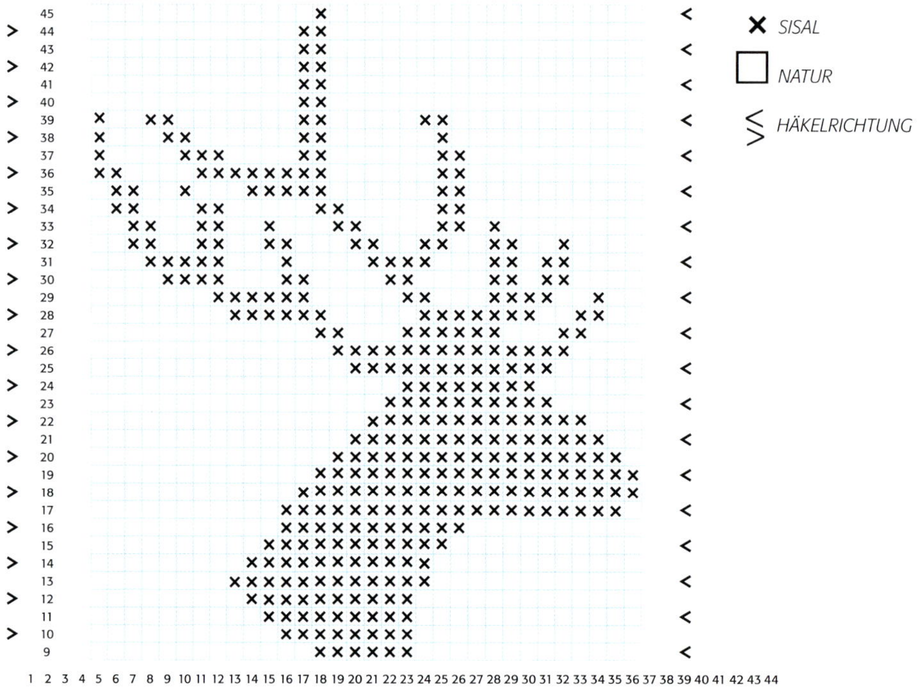

Kissen

mit Herzen

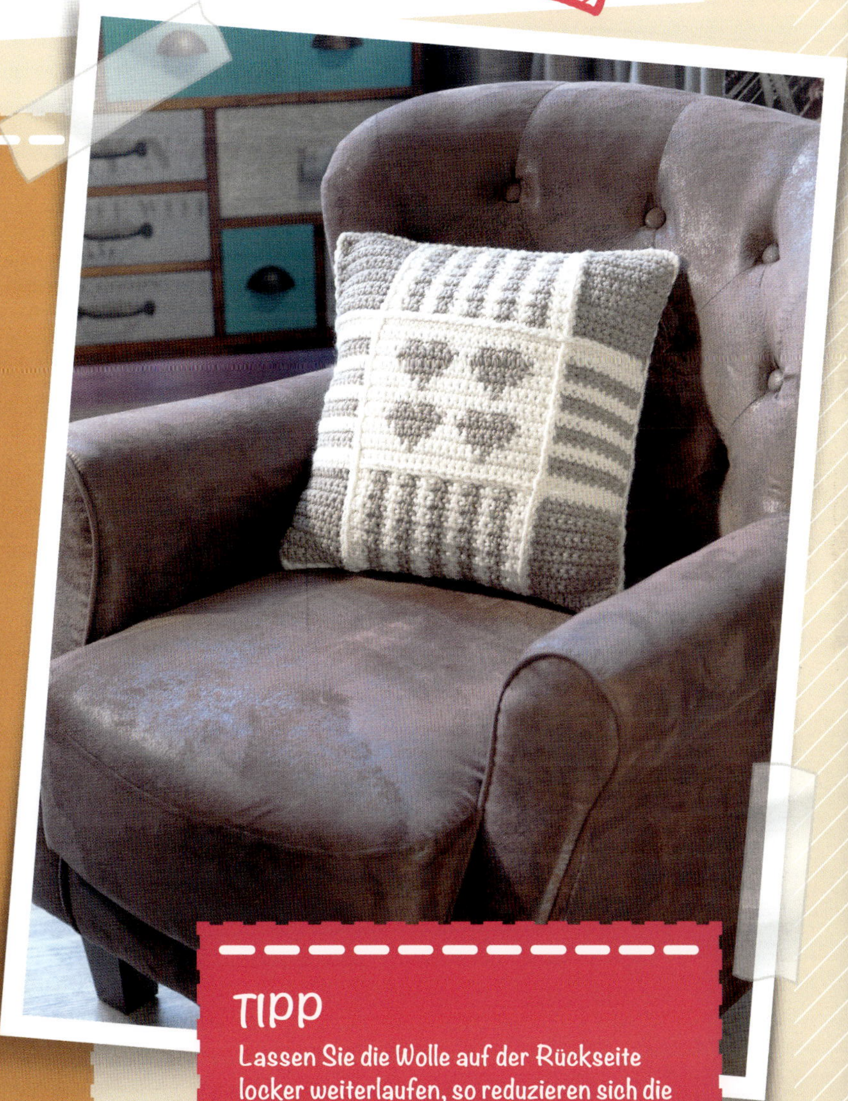

Schwierigkeitsgrad
einfach

Größe
ca. 40 x 40 cm

Maschenprobe
Mit Häkelnadel Nr. 5 in festen Maschen gehäkelt; 11 Maschen und 12 Reihen = 10 x 10 cm

Material
300 g Wolle Boston/Schachenmayr, Farbe: 00002, natur
100 g Wolle Boston/Schachenmayr, Farbe: 00004, sisal
Häkelnadel Nr. 5
Füllkissen und/oder Füllwatte
Sticknadel
Schere

TIPP
Lassen Sie die Wolle auf der Rückseite locker weiterlaufen, so reduzieren sich die zu vernähenden Fäden auf ein Minimum. Achten Sie darauf, dass keine Spannung entsteht.

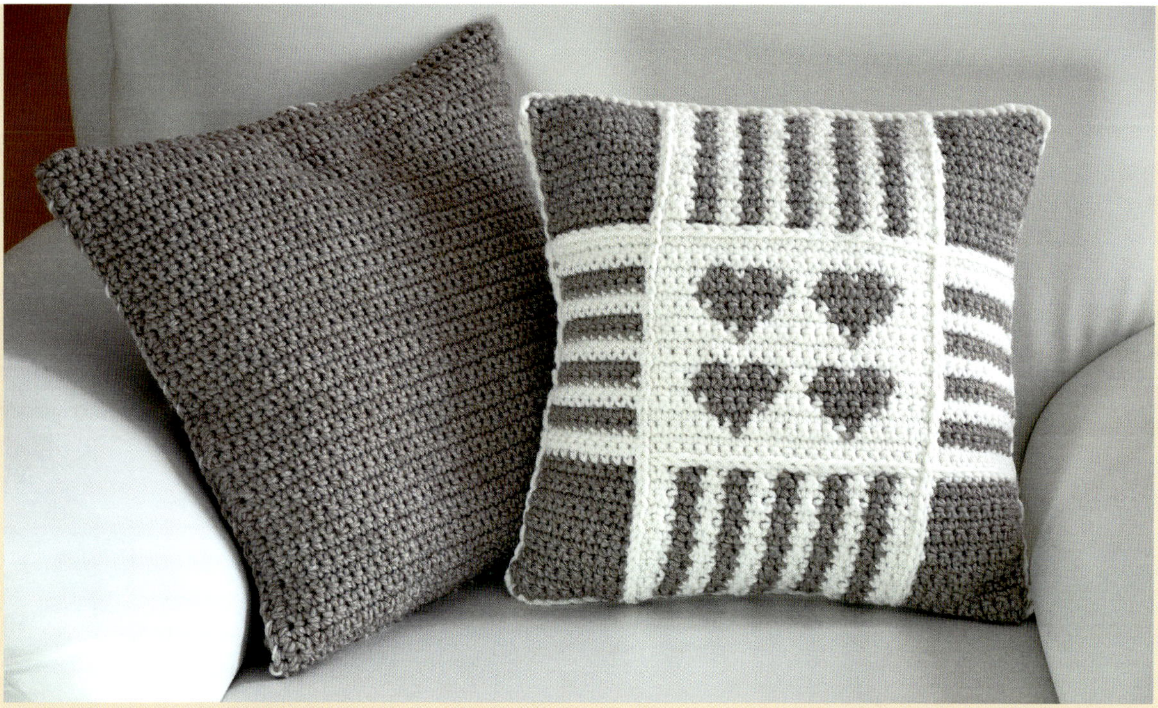

Anleitung

(Abkürzungen und Erklärungen siehe Kapitel Allgemeines, Seite 7 ff.)

Für den vorderen Teil des Kissens schlagen Sie 44 Lm in Sisal an und häkeln Sie wie folgt:
1.–14. Reihe: 1 Lm und 10 fM sisal, 3 fM natur, 2 fM sisal, 2 fM natur, 2 fM sisal, 2 fM natur, 2 fM sisal, 2 fM natur, 2 fM sisal, 2 fM natur, 2 fM sisal, 3 fM natur, 10 fM sisal (= *44 fM*), wenden.
15.–17. Reihe: 1 Lm, 44 fM natur, wenden.
18.–31. Reihe: Arbeiten Sie nach der Vorlage. Die Vorlage zeigt in der waagrechten Linie die Anzahl der Maschen und in der senkrechten Linie die Reihen 18–31. Jedes Kästchen entspricht einer Masche und einer Farbe. Beginnen Sie jede Reihe mit einer Lm und häkeln Sie in der angegebenen Farbe mit fM weiter. Achten Sie darauf, dass Sie die Masche vor dem Farbwechsel bereits in der neuen Farbe abmaschen (*siehe Kapitel Allgemeines, Seite 12 f.*).
32.–34. Reihe: 1 Lm, 44 fM natur, wenden.
35.–48. Reihe: 1 Lm, 10 fM sisal, 3 fM natur, 2 fM sisal, 2 fM natur, 2 fM sisal, 2 fM natur, 2 fM sisal, 2 fM natur, 2 fM sisal, 2 fM natur, 2 fM sisal, 3 fM natur, 10 fM sisal, wenden.
Nach der letzten Masche machen Sie eine Km, schneiden den Faden mit einer Länge von ca. 10 cm ab und ziehen diesen durch die Masche.

Für den hinteren Teil des Kissens schlagen Sie 44 Lm in Natur an und häkeln Sie wie folgt:
1. Reihe: 1 Lm und in jede weitere Lm eine fM natur (= *44 fM*), wenden.
2.–48. Reihe: 1 Lm und 44 fM natur, wenden.
Nach der letzten Masche machen Sie eine Km, schneiden den Faden mit einer Länge von ca. 10 cm ab und ziehen diesen durch die Masche.

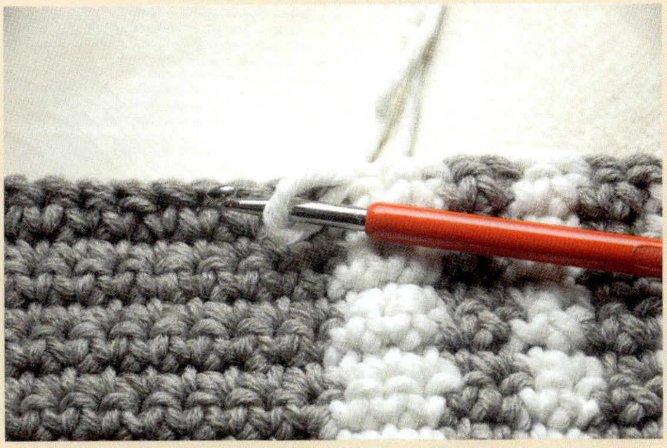

Abb. 56: Ziernaht – 1. Schritt

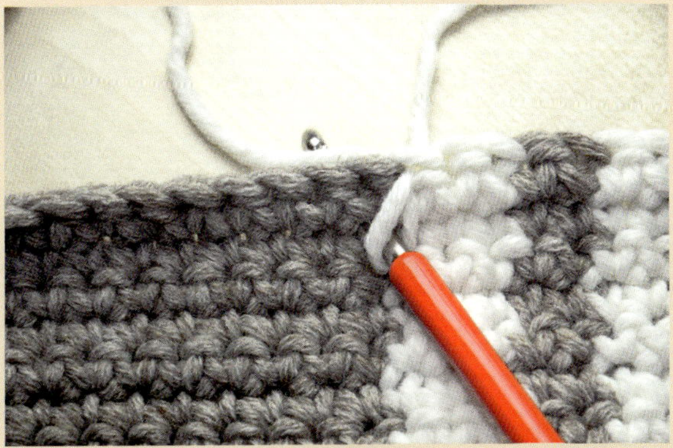

Abb. 57: Ziernaht – 2. Schritt

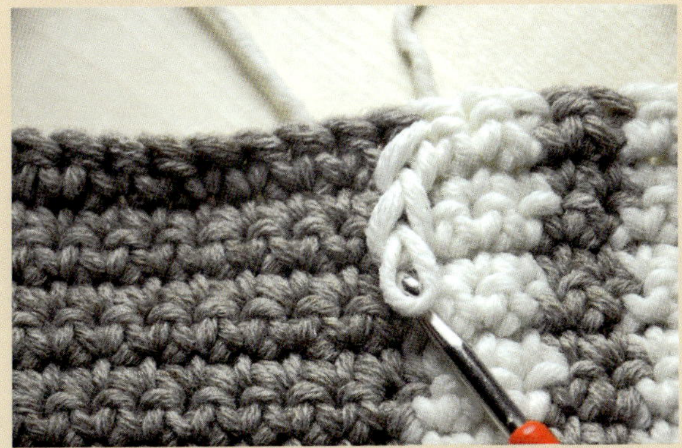

Abb. 58: Ziernaht – 3. Schritt

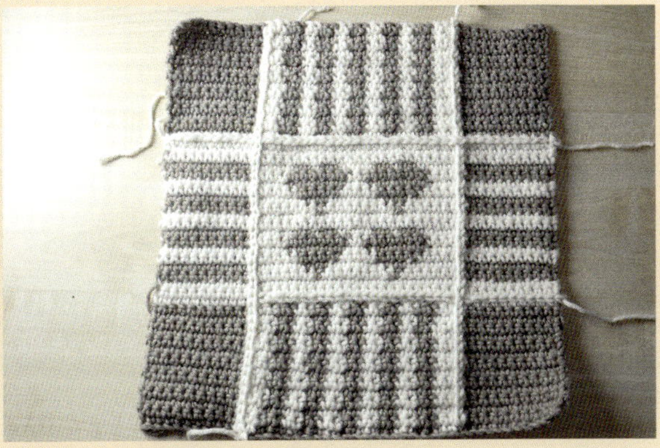

Abb. 59: Der Vorderteil ist fertig.

Ziernaht mit Luftmaschen

(siehe Kapitel Allgemeines, Seite 16 f.)

Die Ziernähte werden mit Luftmaschen gehäkelt. Für die senkrechten Ziernähte stechen Sie mit der Häkelnadel entlang der Unterkante in den ersten Zwischenraum zwischen der 10. und 11. sowie der 34. und 35. Masche. Häkeln Sie die Ziernaht entlang dieser Reihen auf den Vorderteil auf (*Abb. 56, 57, 58*).
Achten Sie beim Aufhäkeln darauf, dass Sie locker arbeiten, damit keine Spannung entsteht.
Mit den waagrechten Strukturnähten beginnen Sie auf der rechten Seite. Stechen Sie hier in den ersten Zwischenraum zwischen der 14. und 15. Reihe sowie der 34. und 35. Reihe ein und häkeln Sie die Ziernaht wie oben auf. In *Abb. 59* sehen Sie den fertigen Vorderteil des Kissens.

HÄKELVORLAGE

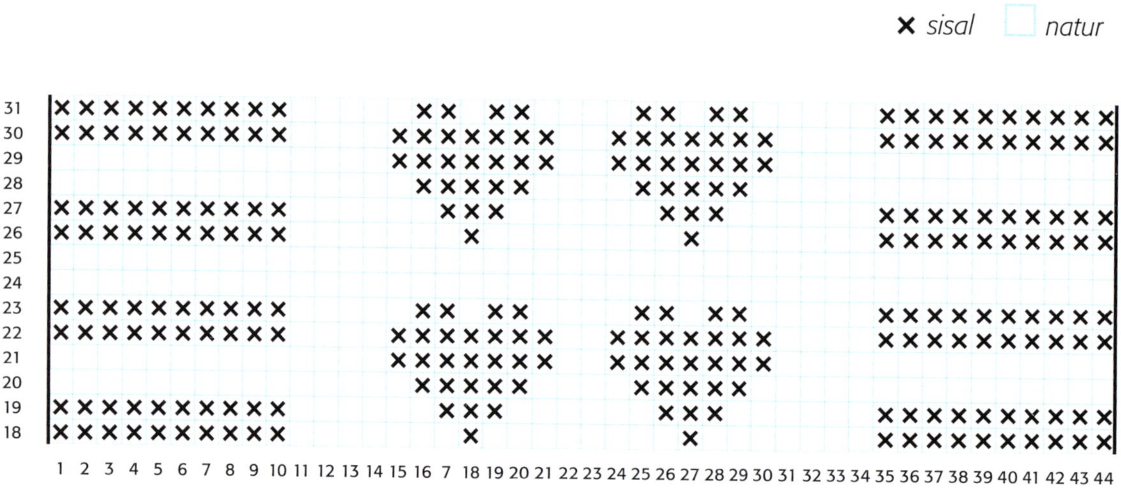

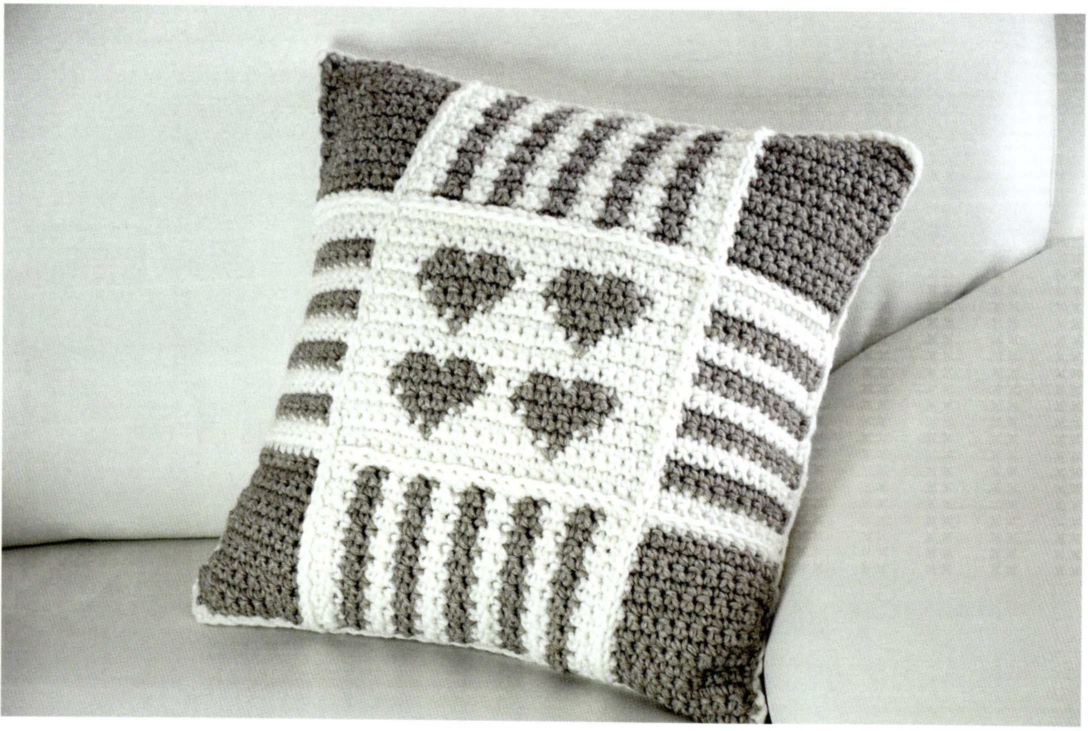

Kissen

mit Stern

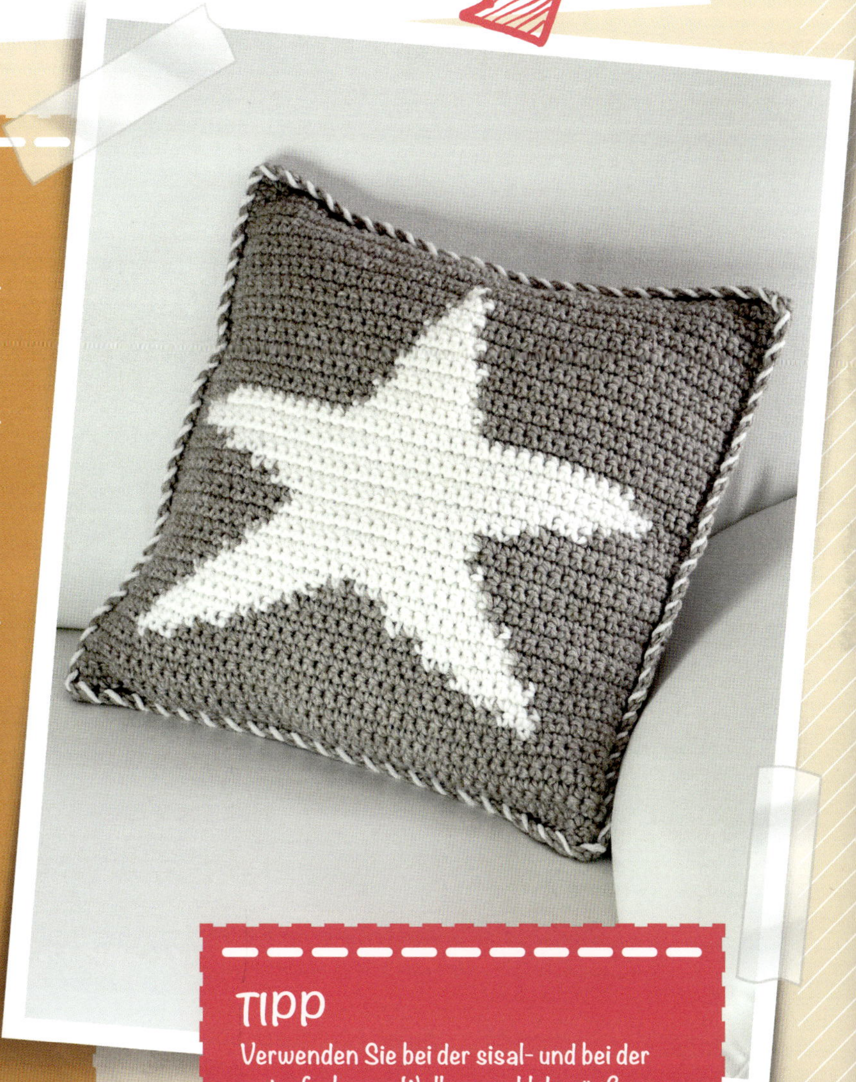

Schwierigkeitsgrad
einfach

Größe
ca. 40 x 40 cm

Maschenprobe
Mit Häkelnadel Nr. 5 in festen Maschen gehäkelt; 11 Maschen und 12 Reihen = 10 x 10 cm

Material
350 g Wolle Boston/Schachenmayr, Farbe: 00004, sisal
50 g Wolle Boston/Schachenmayr, Farbe: 00002, natur
Häkelnadel Nr. 5
Füllkissen und/oder Füllwatte
Sticknadel
Schere

TIPP

Verwenden Sie bei der sisal- und bei der naturfarbenen Wolle sowohl das äußere als auch das innere Fadenende. So reduzieren sich die zu vernähenden Fäden auf ein Minimum.

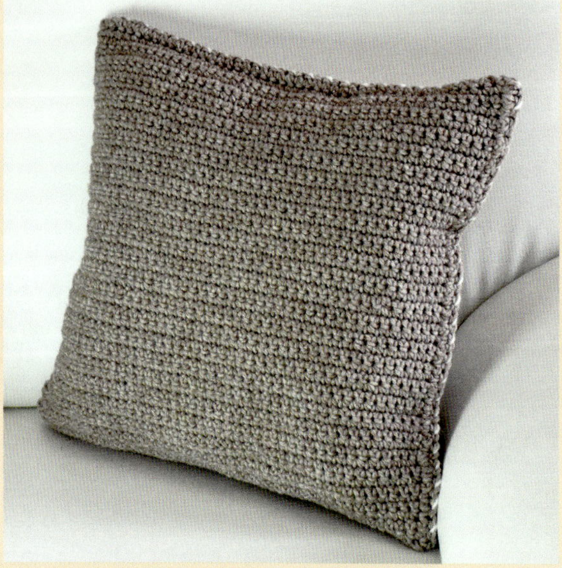

Anleitung

(Abkürzungen und Erklärungen siehe Kapitel Allgemeines, Seite 7 ff.)

Für den vorderen Kissenteil schlagen Sie 45 Lm in Sisal an und häkeln Sie wie folgt:
1. Reihe: 1 Lm und danach je 1 fM in jede weitere Luftmasche sisal (= *45 fM*), wenden.
2.–7. Reihe: 1 Lm, 45 fM sisal, wenden.
8.–44. Reihe: Arbeiten Sie nach der Vorlage. Die Vorlage zeigt in der waagrechten Linie die Anzahl der Maschen und in der senkrechten Linie die Reihen 8–44. Jedes Kästchen entspricht einer Masche und einer Farbe, wobei die Maschen 1–3 und 43–45 in Sisal gehäkelt werden. Beginnen Sie jede Reihe mit einer Lm und häkeln Sie in der angegebenen Farbe mit fM weiter. Achten Sie darauf, dass Sie die Masche vor dem Farbwechsel bereits in der neuen Farbe abmaschen (*siehe Kapitel Allgemeines, Seite 12 f.*).
45.–51. Reihe: 1 Lm, 45 fM sisal, wenden.
Nach der letzten Masche machen Sie eine Lm, schneiden den Faden mit einer Länge von ca. 10 cm ab und ziehen diesen durch die Masche.

Für den hinteren Teil des Kissens schlagen Sie 45 Lm in Sisal an und häkeln Sie wie folgt:
1. Reihe: 1 Lm und danach je 1 fM in jede weitere Luftmasche sisal (= *45 fM*), wenden.
2.–51. Reihe: 1 Lm, 45 fM sisal, wenden.
Nach der letzten Masche machen Sie eine Lm, schneiden den Faden mit einer Länge von ca. 10 cm ab und ziehen diesen durch die Masche.

Fertigstellung

Vernähen Sie alle Fadenenden mit der Sticknadel auf der Rückseite. Achten Sie darauf, dass Sie die Fäden immer im farblich identen Bereich vernähen.
Legen Sie die beiden Kissenteile links auf links, Oberkante auf Oberkante und häkeln Sie das Kissen an drei Seiten mit sisalfarbener Wolle und festen Maschen zusammen (*siehe Kapitel Allgemeines, Seite 15*).
Stecken Sie die Kissenfüllung hinein und schließen Sie auch die letzte Seite mit festen Maschen. Vernähen Sie die Fadenenden.
Für den Zierrand fädeln Sie einen ca. 2,5 m langen naturfarbenen Faden in die Sticknadel. Stechen Sie mit dieser rechts unten beginnend in jede zweite feste Masche der Außennaht von unten nach oben ein (*Abb. 60*). Vernähen Sie die Fadenenden.

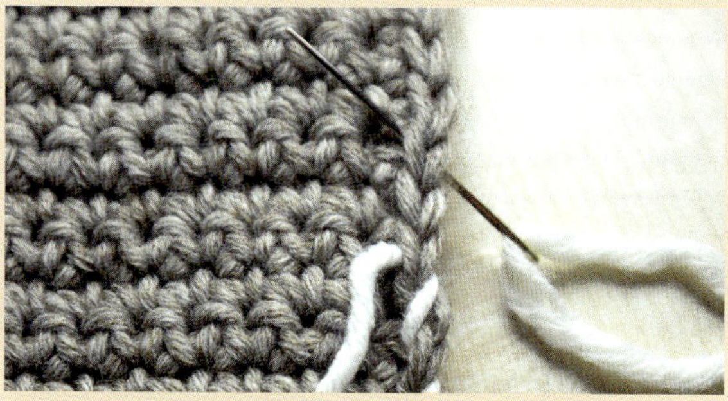

Abb. 60:* *Den weißen Faden um die Naht aus festen Maschen schlingen.

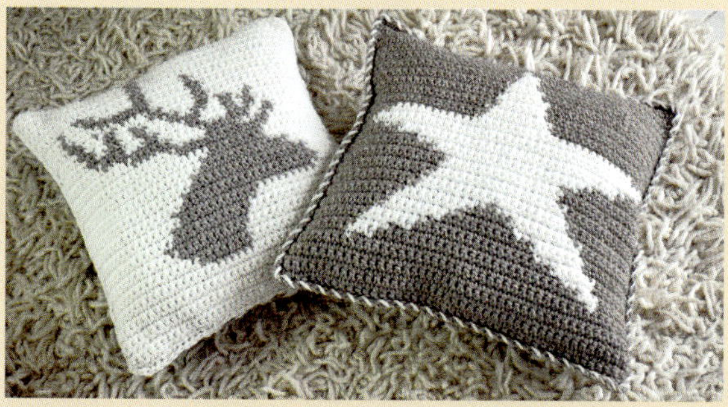

HÄKELVORLAGE

× natur ☐ sisal

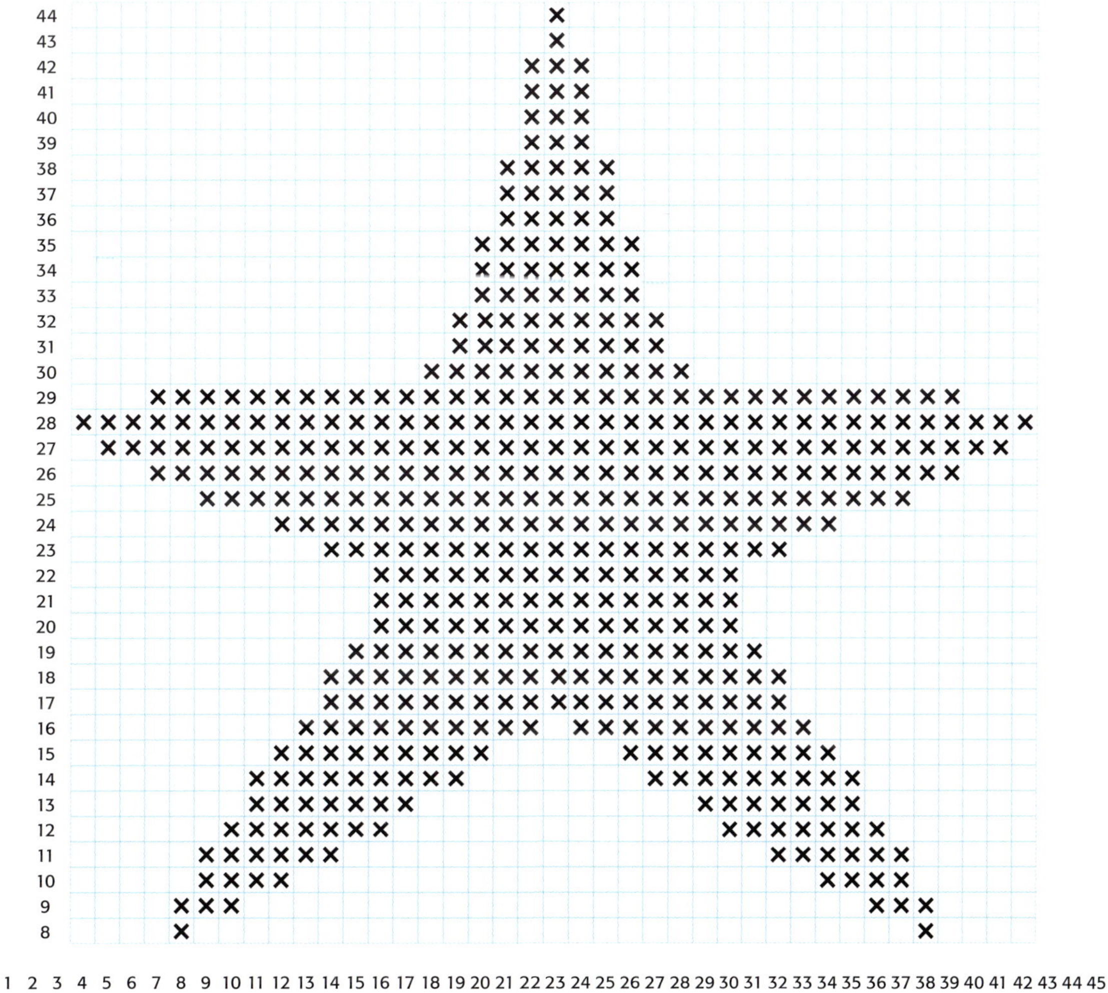

KAPITEL 4

Trends für Kinder und Jugendliche

cool und lässig

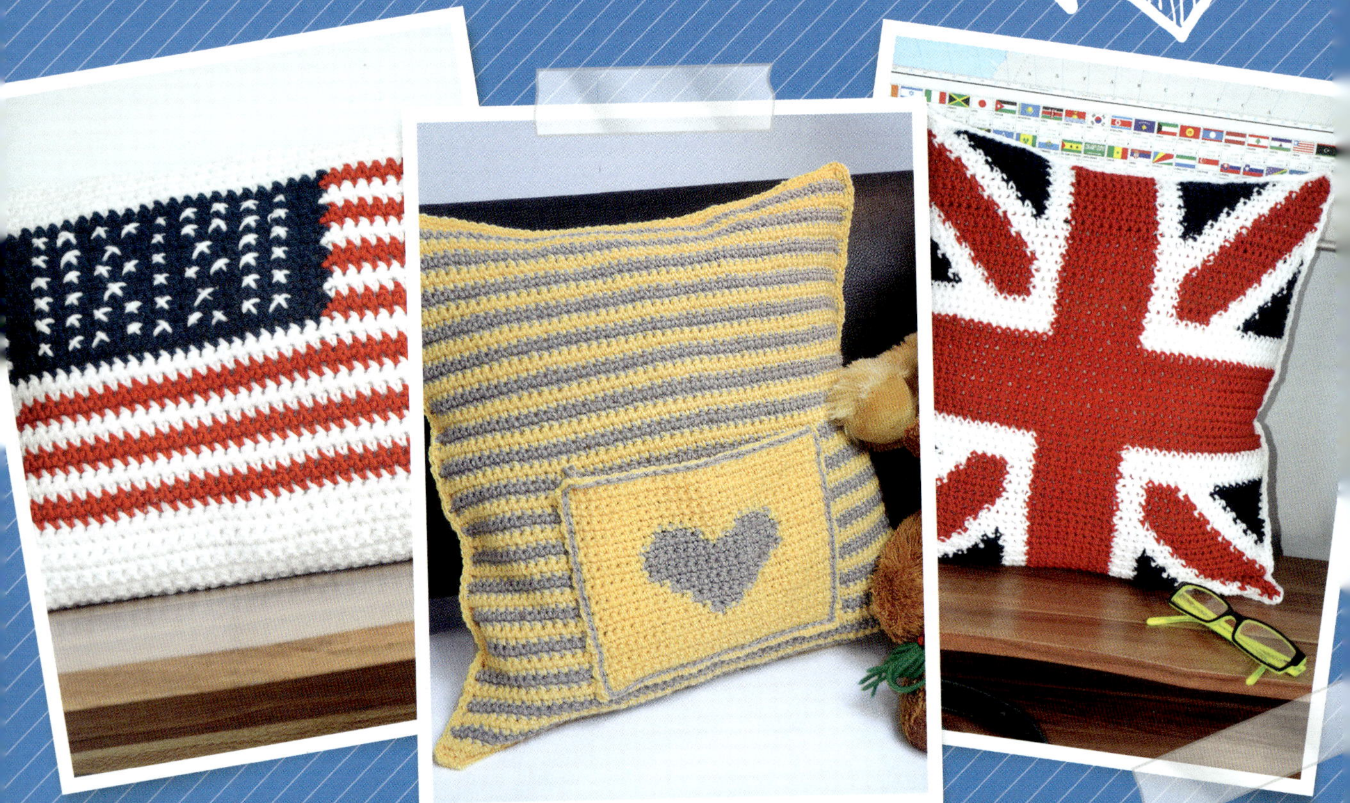

Kissen

mit Teddytasche

Schwierigkeitsgrad
mittel

Größe
ca. 40 x 40 cm

Maschenprobe
Mit Häkelnadel Nr. 4 in festen Maschen gehäkelt; 14 Maschen und 18 Reihen = 10 x 10 cm

Material
200 g Wolle Universa/Schachenmayr, Farbe: 00121, gelb
100 g Wolle Universa/Schachenmayr, Farbe: 00190, hellgrau
Häkelnadel Nr. 4
Füllkissen und/oder Füllwatte
Sticknadel
Schere

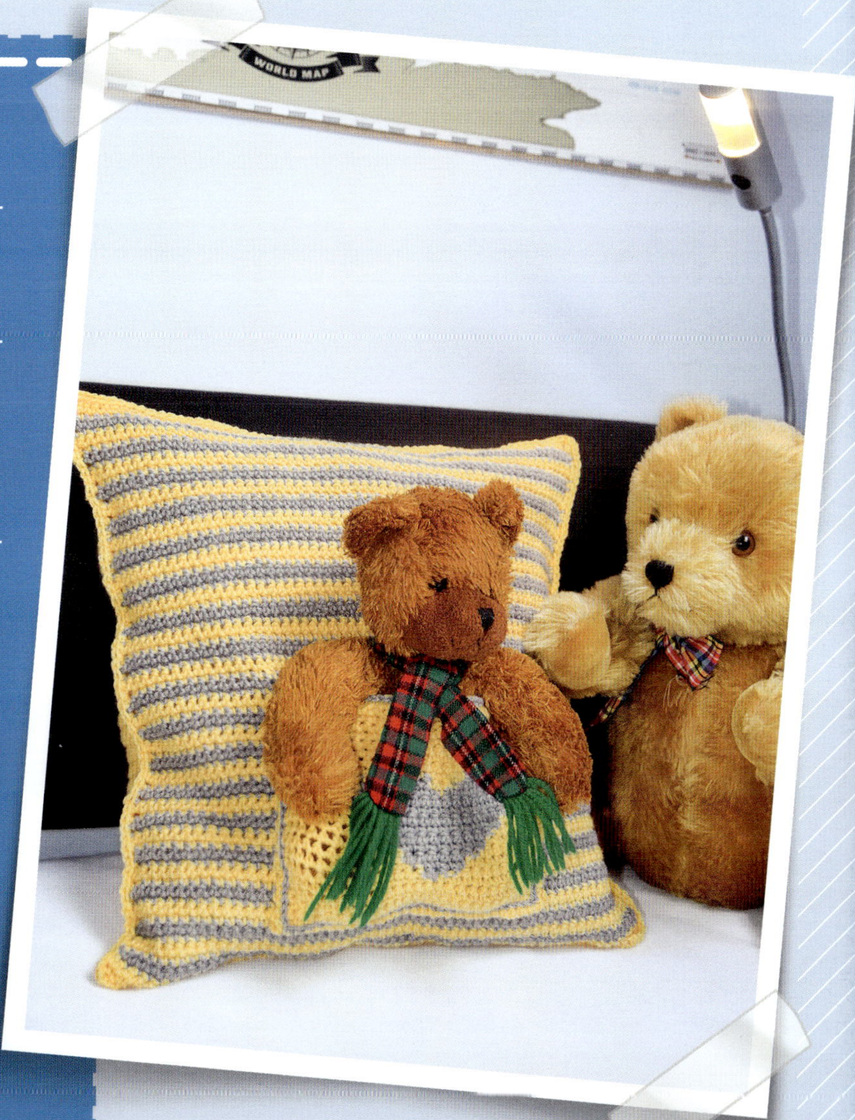

Anleitung

(Abkürzungen und Erklärungen siehe Kapitel Allgemeines, Seite 7 ff.)

Für den vorderen Teil des Kissens schlagen Sie 59 Lm in gelber Wolle an und häkeln Sie wie folgt:
1. Reihe: 1 Lm und je 1 fM in jede weitere Luftmasche gelb (= *59 fM*), wenden
2. Reihe: 1 Lm und 59 fM gelb, wenden.
3.–4. Reihe: 1 Lm und 59 fM hellgrau, wenden.
5.–72. Reihe: Häkeln Sie nun abwechselnd zwei Reihen in Gelb und zwei Reihen in Hellgrau. Nach der letzten Reihe schneiden Sie den Faden mit einer Länge von ca. 10 cm ab, machen eine Km und ziehen den Faden durch die Schlaufe.

Für den hinteren Teil des Kissens wiederholen Sie obige Arbeitsschritte.

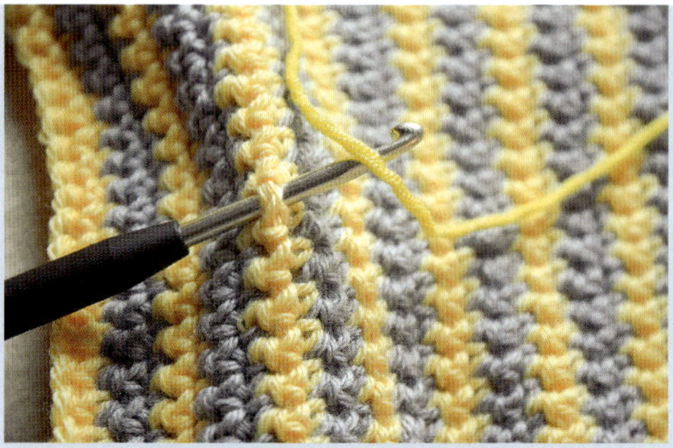

Abb. 61: *Unter die Masche einstechen.*

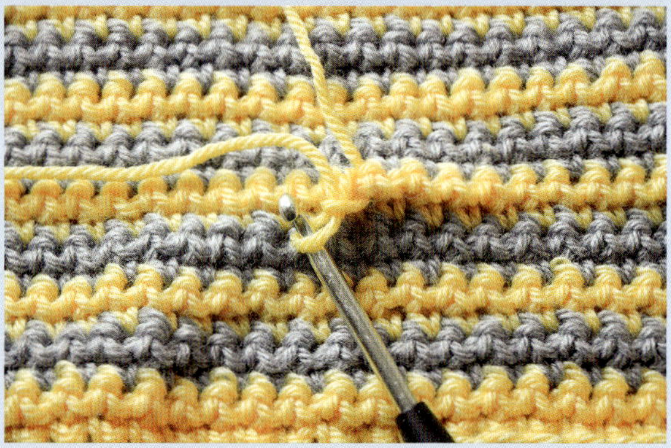

Abb. 62: *Den Faden holen und eine Kettmasche machen.*

Tasche häkeln

TIPP

Schneiden Sie von der gelben Wolle einen ca. 3 m langen Faden ab und legen Sie diesen zur Seite. Sie benötigen diesen bei den Reihen 19–21. Ab Reihe 9 verwenden Sie bei der gelben Wolle auch das innere Ende, damit keine Fäden auf der Rückseite verlaufen.

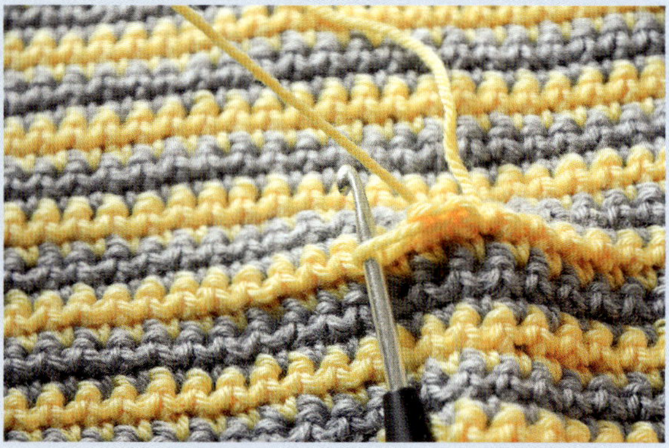

Abb. 63: *Fortlaufend feste Maschen häkeln.*

Nehmen Sie einen Kissenteil, die gelbe Wolle und die Häkelnadel zur Hand. Zählen Sie von der Unterkante 9 Reihen hinauf und von der rechten Seite 15 Maschen herein, machen Sie beim gelben Streifen einen Knick, stechen Sie mit der Häkelnadel unter die gelbe Masche und häkeln Sie eine Kettmasche (*Abb. 61, 62*).

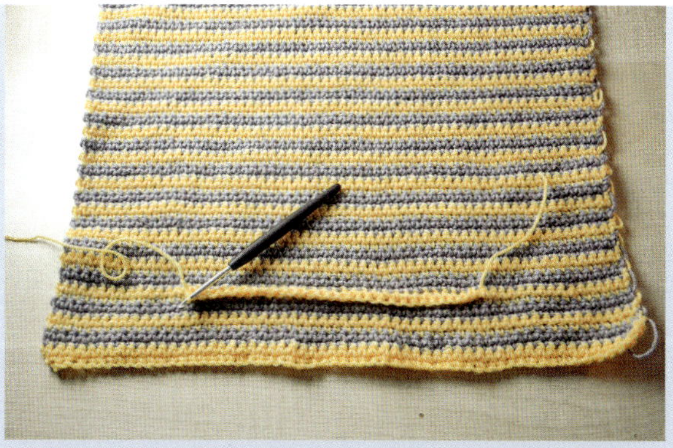

Abb. 64: Für die 1. Reihe 29 feste Maschen aufhäkeln.

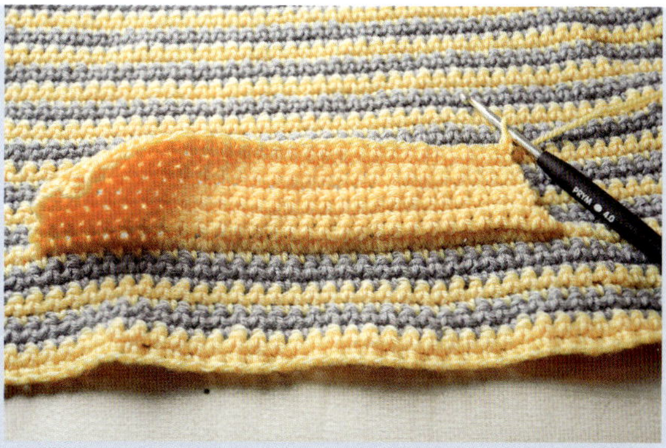

Abb. 65: 8 Reihen in Gelb häkeln, anschließend nach der Vorlage weiterarbeiten.

1. Reihe: Häkeln Sie nun 29 fM in Gelb, indem Sie den Knick im gelben Streifen beibehalten und bei jeder Masche so einstechen wie bei der Kettmasche (*Abb. 63*), wenden.
2.–8. Reihe: 1 Lm und 29 fM gelb; wenden (*Abb. 64, 65*).
9.–21. Reihe: Arbeiten Sie nach der Vorlage. Die Vorlage zeigt in der waagrechten Linie die Anzahl der Maschen und in der senkrechten Linie die Reihen 9–21. Jedes Kästchen entspricht einer Masche und einer Farbe, wobei die Maschen 1–7 und 23–29 in Gelb gehäkelt werden. Beginnen Sie jede Reihe mit einer Lm und häkeln Sie in der angegebenen Farbe mit fM weiter. Achten Sie darauf, dass Sie die Masche vor dem Farbwechsel bereits in der neuen Farbe abmaschen (*siehe Kapitel Allgemeines, Seite 12 f.*).
Nehmen Sie in der Reihe 19 den beiseite gelegten gelben Faden zur Hand und häkeln Sie den gelben Farbeinsatz in der Herzmitte bis Reihe 21 damit. Für die nachfolgenden hellgrauen Maschen verwenden Sie zusätzlich den inneren Fadenanfang des Wollknäuels.
22.–29. Reihe: 1 Lm und 29 fM gelb, wenden.
Nach der letzten Masche machen Sie eine Km, schneiden den Faden mit einer Länge von ca. 10 cm ab und ziehen diesen durch die Masche.

Vernähen Sie alle Fäden auf der Innenseite der Tasche (*Abb. 66*).

Tasche aufhäkeln

Legen Sie den Kissenteil mit der Oberkante nach oben auf und klappen Sie die Tasche hinauf. Häkeln Sie zuerst mit grauer Wolle eine Ziernaht aus Luftmaschen entlang der Oberkante, indem Sie in den ersten Zwischenraum auf der rechten Seite einstechen, den Faden von der Unterseite holen und eine Km machen (*Abb. 67, 68*).
Stechen Sie nun in den nächsten Zwischenraum (links) ein, holen den Faden und ziehen diesen durch die erste Schlaufe (*Abb. 69*). Wiederholen Sie diese Arbeitsschritte, bis Sie am Ende der Oberkante angelangt sind.
Schneiden Sie bei der letzten Masche den Faden mit einer Länge von ca. 10 cm ab, wobei Sie die Schlaufe auf der Häkelnadel lassen, legen Sie den neuen

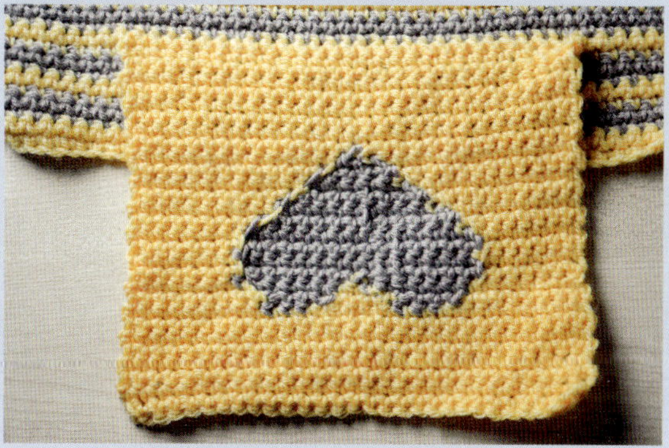

Abb. 66: Innenseite der Tasche

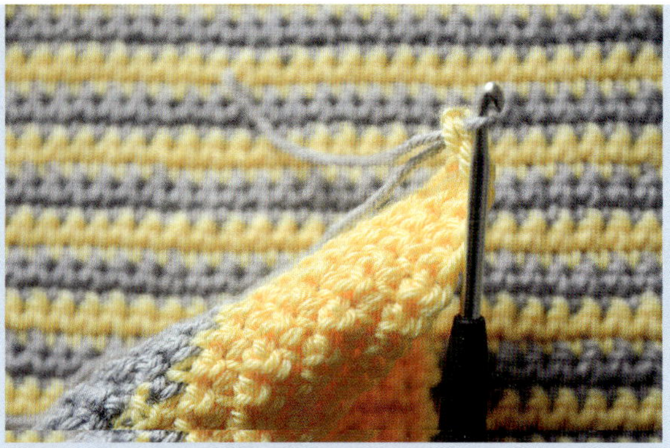

Abb. 67: ***Luftmaschen-Ziernaht auf die Oberkante aufhäkeln – 1. Schritt***

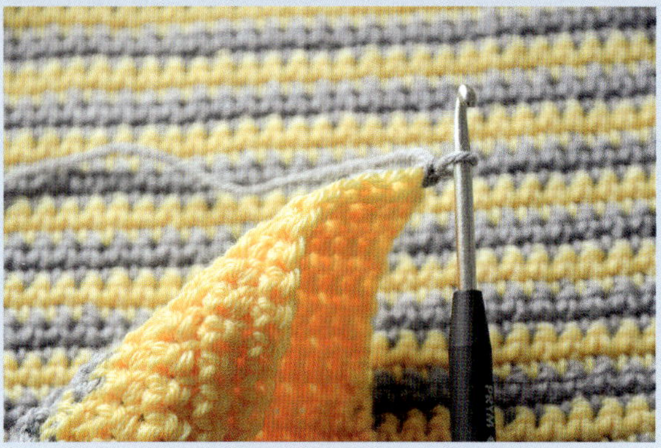

Abb. 68: ***Luftmaschen-Ziernaht auf die Oberkante aufhäkeln – 2. Schritt***

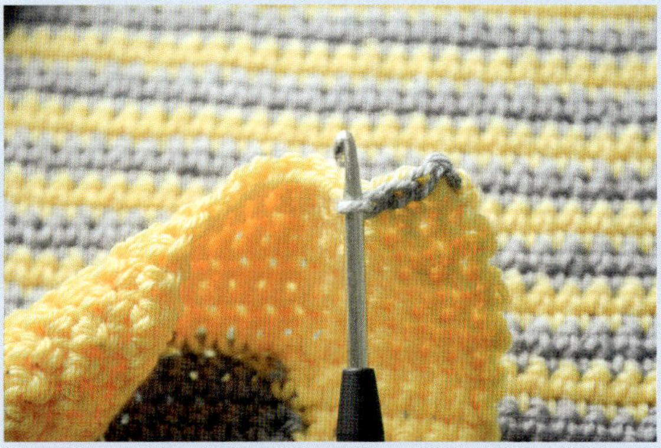

Abb. 69: ***Luftmaschen-Ziernaht auf die Oberkante aufhäkeln – 3. Schritt***

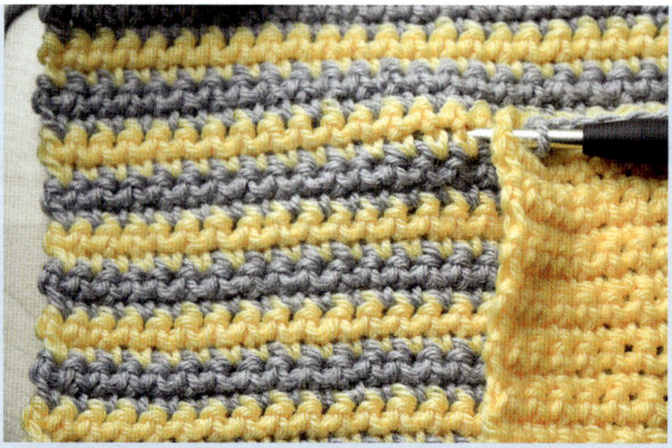

Abb. 70: ***An der Ecke die Tasche auf dem Kissenteil festhäkeln.***

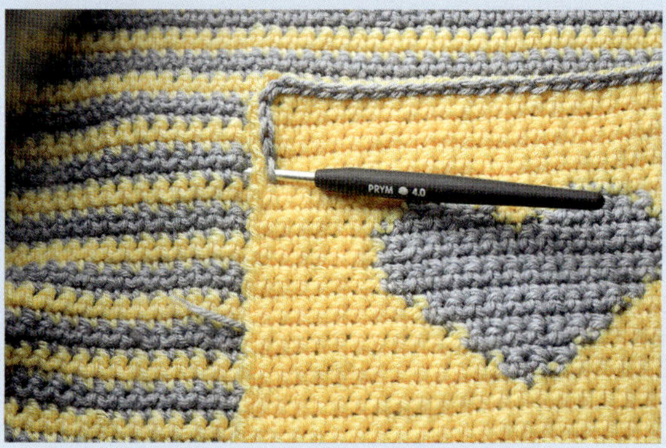

Abb. 71: ***Die Tasche an drei Seiten auf den Kissenteil häkeln.***

Fadenanfang unter das Kissenteil und stechen Sie nun mit der Häkelnadel durch den Taschen- und den Kissenteil (*Abb. 70)*, holen den Faden und ziehen diesen durch die erste Schlaufe. Häkeln Sie so die Tasche an den Seiten und an der Unterkante auf den Kissenteil auf (*Abb. 71*).

Wenn Sie am Beginn angelangt sind, stechen Sie in die erste Masche der Ziernaht und machen Sie eine Km. Schneiden Sie den Faden mit einer Länge von ca. 10 cm ab und ziehen diesen durch die Masche.

Fertigstellung

Vernähen Sie alle Fadenenden mit der Sticknadel auf der Rückseite. Achten Sie darauf, dass Sie die Fäden immer im farblich identen Bereich vernähen. Legen Sie die beiden Kissenteile links auf links, Oberkante auf Oberkante und häkeln Sie das Kissen an drei Seiten mit gelber Wolle und Festmaschen zusammen (*siehe Kapitel Allgemeines, Seite 15*). Stecken Sie die Kissenfüllung hinein und schließen Sie auch die letzte Seite mit festen Maschen. Vernähen Sie die Fadenenden.

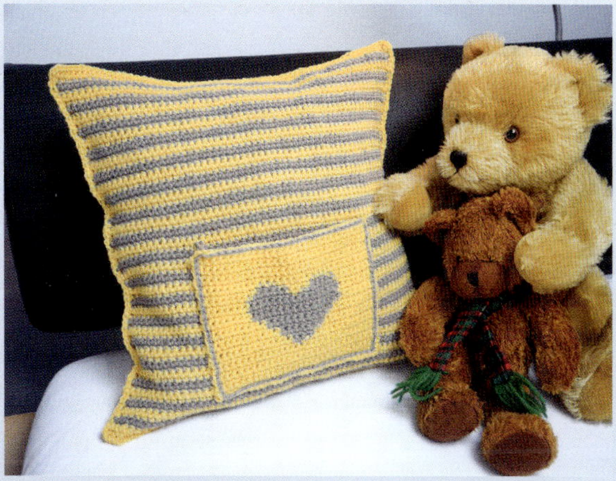

HÄKELVORLAGE

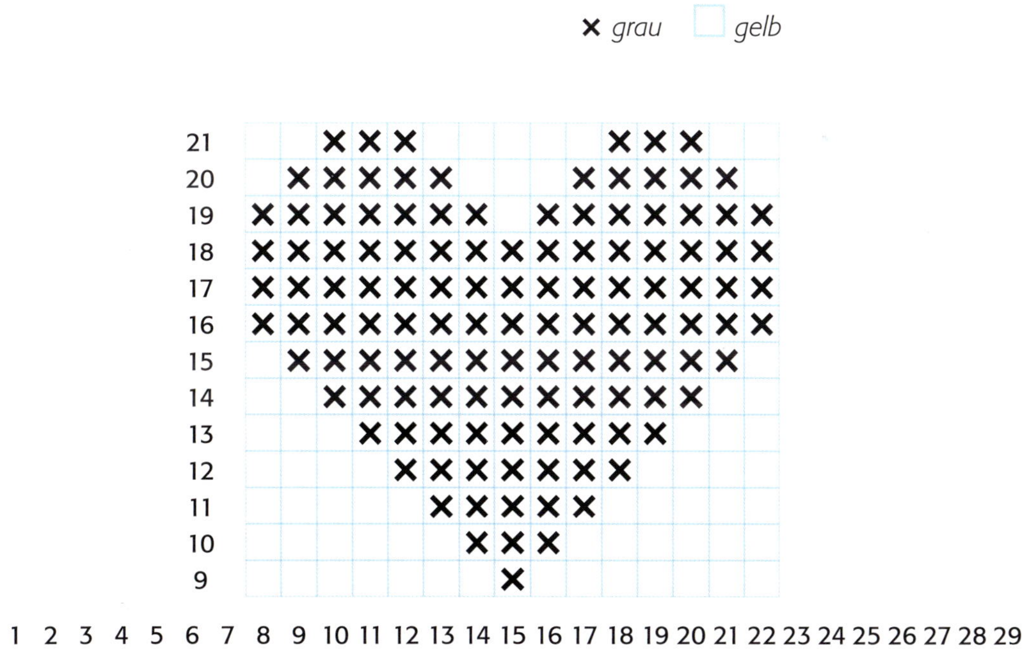

Kissen „Union Jack"

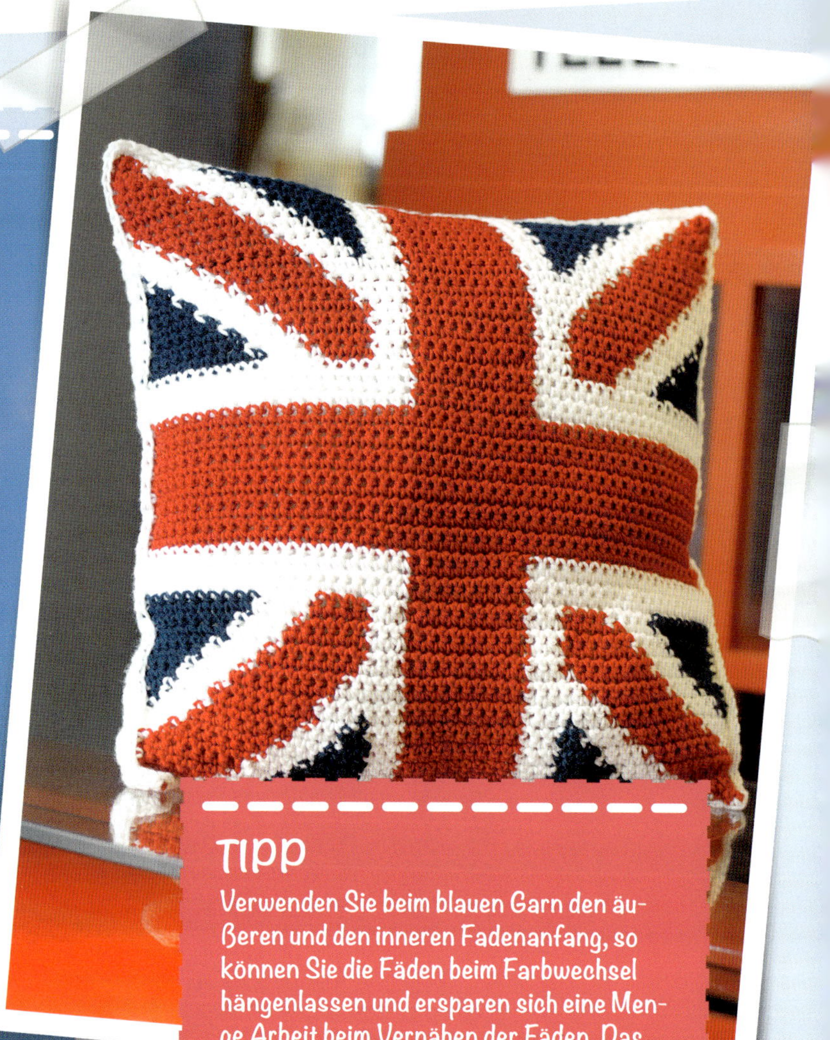

Schwierigkeitsgrad
schwierig

Größe
ca. 40 x 40 cm

Maschenprobe
Mit Häkelnadel Nr. 4 in festen Maschen gehäkelt; 13 Maschen und 15 Reihen = 10 x 10 cm

Material
200 g Microfasergarn Micro Grande/Schachenmayr, Farbe: 00101, weiß
100 g Microfasergarn Micro Grande/Schachenmayr, Farbe: 00150, blau
100 g Microfasergarn Micro Grande/Schachenmayr, Farbe: 00130, rot
Häkelnadel Nr. 4
Füllkissen und/oder Füllwatte
Sticknadel
Schere

TIPP

Verwenden Sie beim blauen Garn den äußeren und den inneren Fadenanfang, so können Sie die Fäden beim Farbwechsel hängenlassen und ersparen sich eine Menge Arbeit beim Vernähen der Fäden. Das rote und das weiße Garn lassen Sie auf der Rückseite locker weiterlaufen. In Abb. 73. sehen Sie, wie die Rückseite aussieht. Achten Sie darauf, dass keine Spannung entsteht.

Anleitung

(Abkürzungen und Erklärungen siehe Kapitel Allgemeines, Seite 7 ff.)

Für den vorderen Teil des Kissens schlagen Sie 52 Lm in Weiß an und häkeln Sie wie folgt:
1. Reihe: 1 Lm und 2 fM rot, 4 fM weiß, 12 fM blau, 3 fM weiß, 10 fM rot, 3 fM weiß, 12 fM blau, 4 fM weiß, 2 fM rot (*= 52 fM*), wenden.
2.–31. Reihe: Arbeiten Sie nach der Vorlage. (Achtung: Mit der Reihe 2 weiterarbeiten!) Die Vorlage zeigt in der waagrechten Linie die Anzahl der Maschen und in der senkrechten Linie die Reihen. Jedes Kästchen entspricht einer Masche und einer Farbe. Beginnen Sie jede Reihe mit einer Lm und häkeln Sie in der angegebenen Farbe mit fM weiter. Achten Sie darauf, dass Sie die Masche vor dem Farbwechsel bereits in der neuen Farbe abmaschen (*siehe Kapitel Allgemeines, Seite 12 f.*).
32.–62. Reihe: Häkeln Sie diese Reihen ebenfalls nach der Vorlage von oben nach unten (siehe Nummerierung auf der rechten Seite).
Nach der letzten Masche machen Sie eine Km, schneiden den Faden mit einer Länge von 10 cm ab und ziehen diesen durch die Masche.

Für den hinteren Teil des Kissens schlagen Sie 52 Lm in Weiß an und häkeln Sie wie folgt:
1. Reihe: 1 Lm und je 1 fM in jede weitere Lm weiß (*= 52 fM*), wenden.
2.–62. Reihe: 1 Lm und 52 fM weiß, wenden.
Nach der letzten Masche machen Sie eine Km, schneiden den Faden mit einer Länge von ca. 10 cm ab und ziehen diesen durch die Masche.

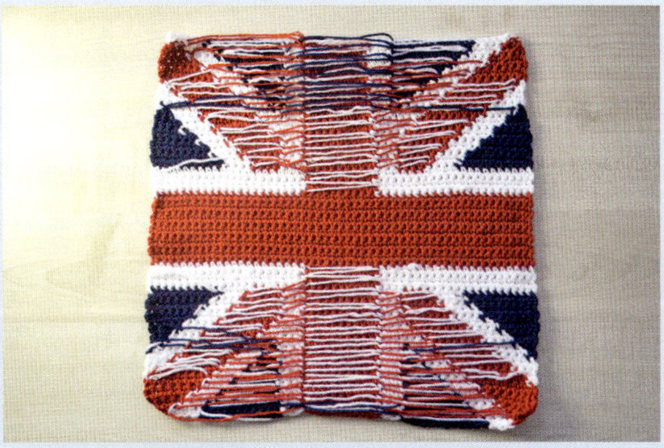

Abb. 73: **Rückseite**

Fertigstellung

Vernähen Sie alle Fadenenden mit der Sticknadel auf der Rückseite. Achten Sie darauf, dass Sie die Fäden immer im farblich identen Bereich vernähen.
Legen Sie die beiden Kissenteile links auf links, Oberkante an Oberkante und häkeln Sie das Kissen an drei Seiten mit weißem Garn und festen Maschen zusammen (*siehe Kapitel Allgemeines, Seite 15*).
Stecken Sie die Kissenfüllung hinein und schließen Sie auch die letzte Seite mit festen Maschen. Vernähen Sie die Fadenenden.

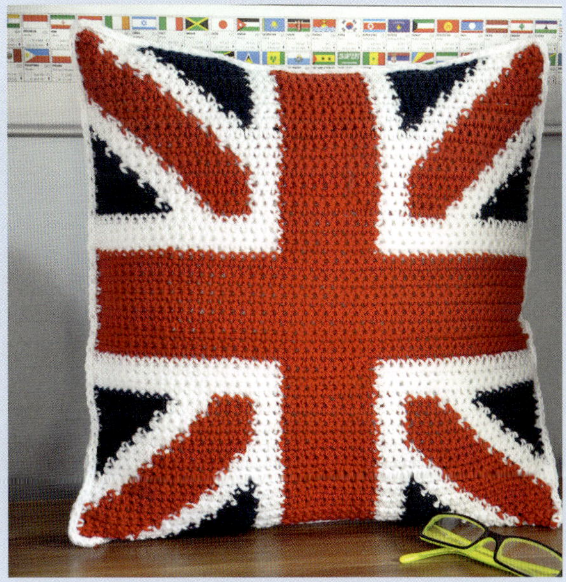

HÄKELVORLAGE

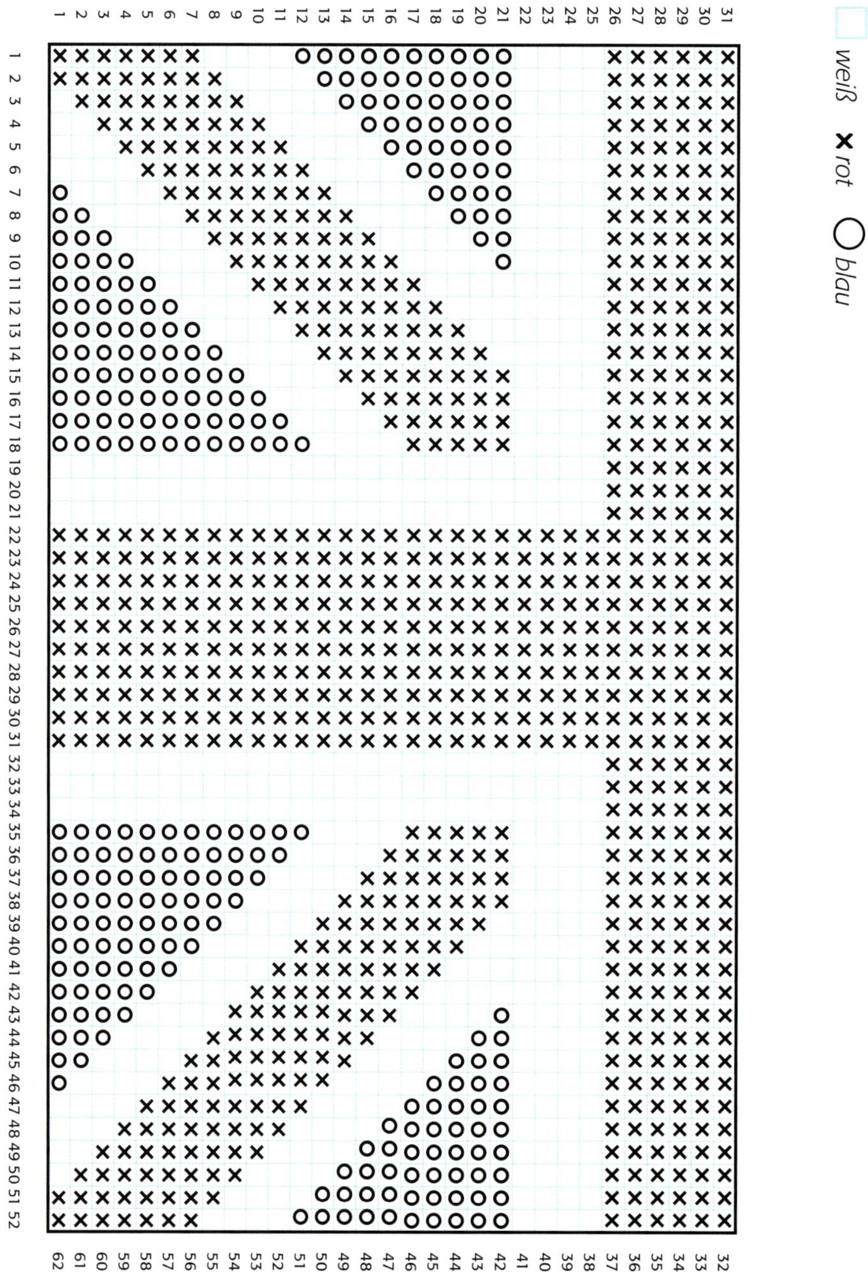

Kissen

„Stars and Stripes"

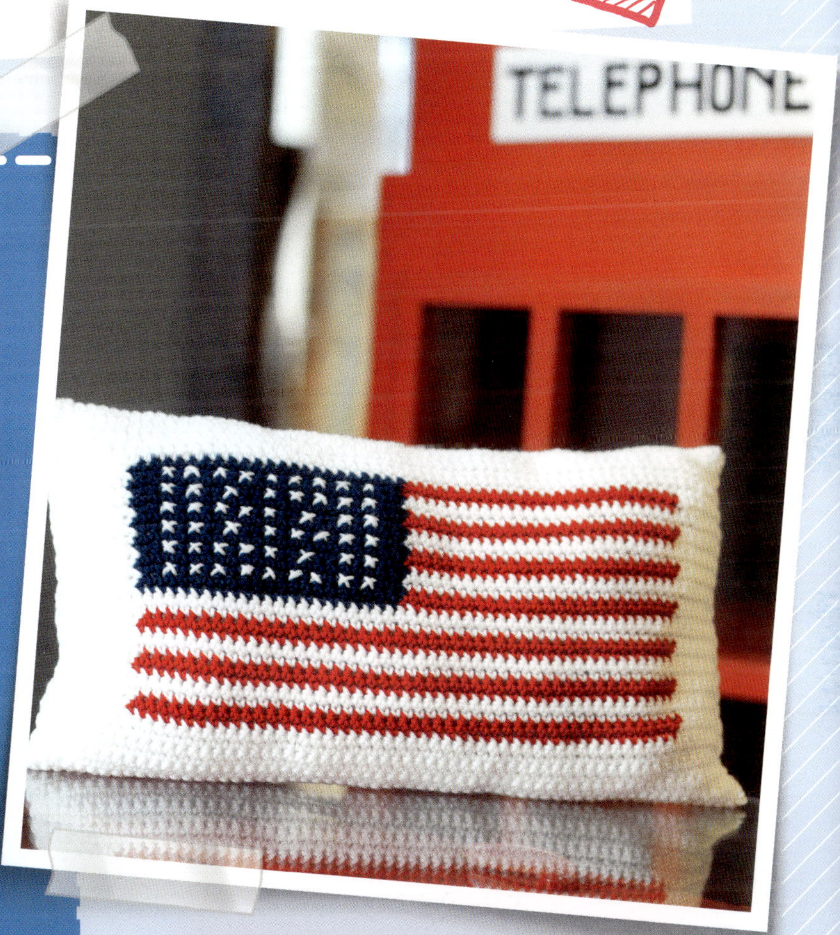

Schwierigkeitsgrad
mittel

Größe
ca. 45 x 30 cm

Maschenprobe
Mit Häkelnadel Nr. 4 in festen Maschen gehäkelt; 13 Maschen und 15 Reihen = 10 x 10 cm

Material
200 g Microfasergarn Micro Grande/Schachenmayr, Farbe: 00101, weiß
50 g Microfasergarn Micro Grande/Schachenmayr, Farbe: 00150, blau
50 g Microfasergarn Micro Grande/Schachenmayr, Farbe: 00130, rot
Häkelnadel Nr. 4
Füllkissen und/oder Füllwatte
Sticknadel
Schere

TIPP

Verwenden Sie beim weißen Garn den äußeren und den inneren Fadenanfang. So ersparen Sie sich eine Menge Arbeit beim Vernähen der Fäden. Achten Sie darauf, dass keine Spannung entsteht.

Anleitung

(Abkürzungen und Erklärungen siehe Kapitel Allgemeines, Seite 7 ff.)

Dieses Kissen wird in einem Teil gehäkelt. Schlagen Sie 64 Lm in Weiß an und häkeln Sie wie folgt:
1. Reihe: 1 Lm und in jede weitere Lm eine fM weiß (= *64 fM*), wenden.
2.–29. Reihe: 1 Lm und 64 fM weiß, wenden.
30.–55. Reihe: Arbeiten Sie nach der Vorlage weiter. Die Vorlage zeigt in der waagrechten Linie die Anzahl der Maschen und in der senkrechten Linie die Reihen 30–55. Jedes Kästchen entspricht einer Masche und einer Farbe. Beginnen Sie jede Reihe mit einer Lm und häkeln Sie in der angegebenen Farbe mit fM weiter. Achten Sie darauf, dass Sie die Masche vor dem Farbwechsel bereits in der neuen Farbe abmaschen *(siehe Kapitel Allgemeines, Seite 12 f.)*.

ACHTUNG

Beginnen Sie die Reihe 30 von rechts gelesen und häkeln Sie nun abwechselnd von links und von rechts nach der Pfeilrichtung *(siehe Kapitel Allgemeines, Vorlage lesen, Unregelmäßiges Motiv, Seite 9 f.)*. Dabei ist es wichtig, dass Sie in der ersten Reihe die Fäden beim Farbwechsel nach hinten klappen. Somit haben Sie bereits Ihre Kissenrückseite, auf der Sie nun alle Fäden bzw. Fadenenden verlaufen lassen.

56.–84. Reihe: 1 Lm und 64 fM weiß, wenden. Nach der letzten Masche machen Sie eine Km, schneiden den Faden mit einer Länge von ca. 10 cm ab und ziehen diesen durch die Masche.

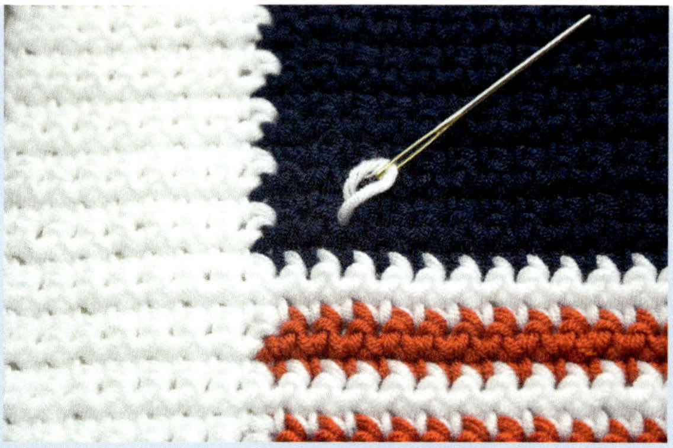

Abb. 74: *Sterne aufnähen – 1. Schritt*

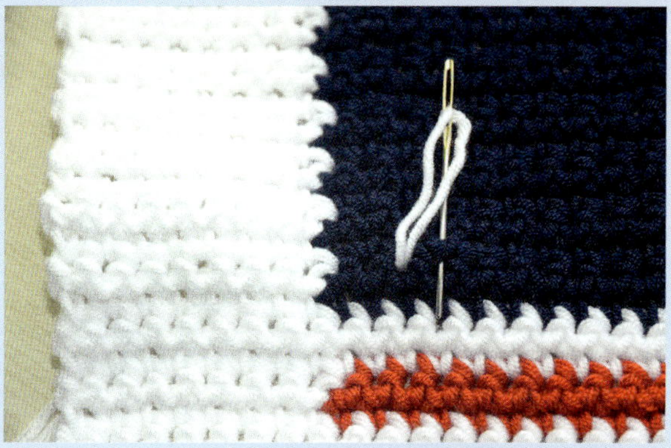

Abb. 75: *Sterne aufnähen – 2. Schritt*

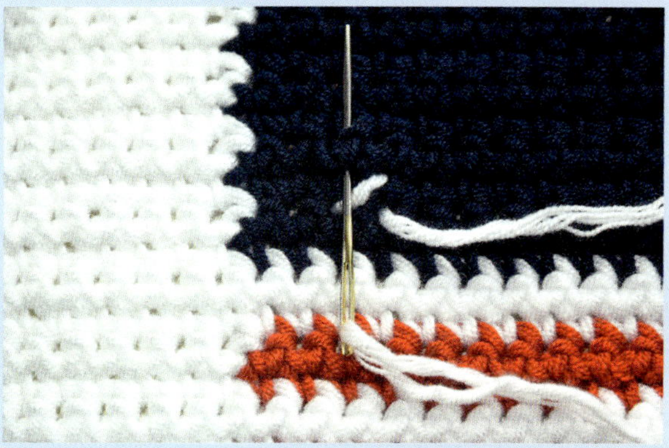

Abb. 76: *Sterne aufnähen – 3. Schritt*

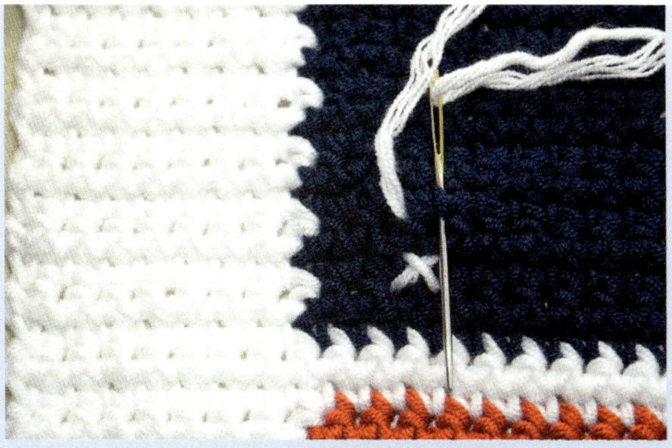

Abb. 77: *Sterne aufnähen – 4. Schritt*

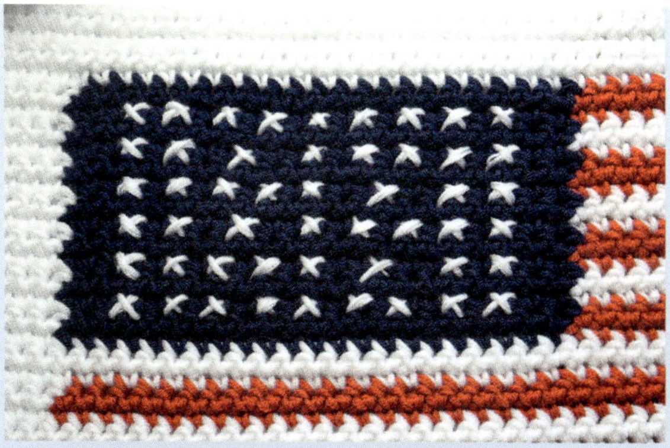

Abb. 79: *Alle Sterne sind aufgenäht.*

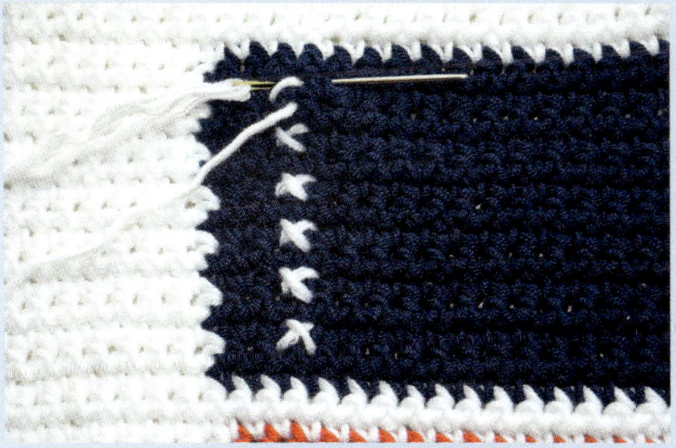

Abb. 78: *Eine Reihe Sterne ist aufgenäht.*

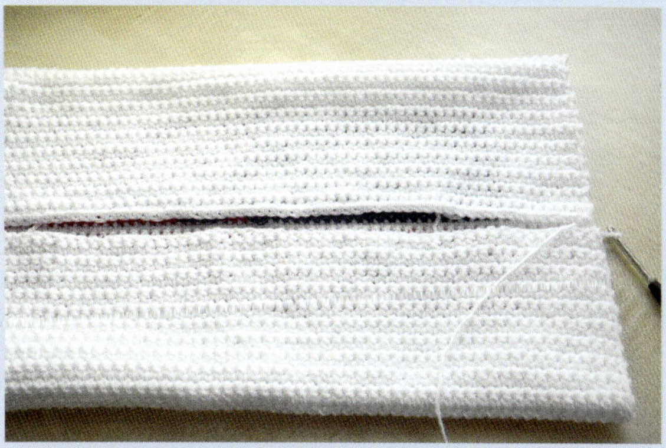

Abb. 80: *Ober- und Unterkante zusammenhäkeln.*

Sterne aufsticken

Nehmen Sie die Vorlage zur Hand. Fädeln Sie weißes Garn in die Sticknadel und stechen Sie im blauen Feld über der zweiten Reihe, 2 Maschen vom linken Rand entfernt von unten nach oben ein (*Abb. 74*). Stechen Sie danach schräg rechts über die Masche von oben nach unten senkrecht ein, sodass die Nadel im Zwischenraum darunter wieder herauskommt (*Abb. 75*). Stechen Sie nun schräg nach links über die Masche und führen Sie die Nadel senkrecht im nächsten Zwischenraum wieder heraus (*Abb. 76*). Wiederholen Sie nun diese Arbeitsschritte und sticken Sie die Sterne laut Vorlage auf (*Abb. 77, 78*). Vorsicht: Mittig sind einige Sterne zwischen den Reihen (*Abb. 79*).

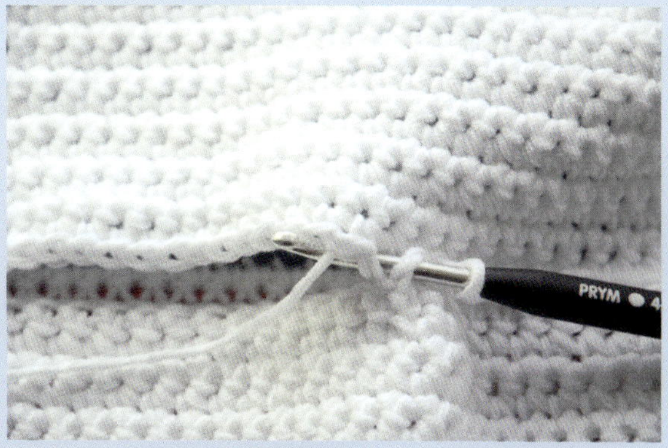

Abb. 81: *Kettmaschennaht*

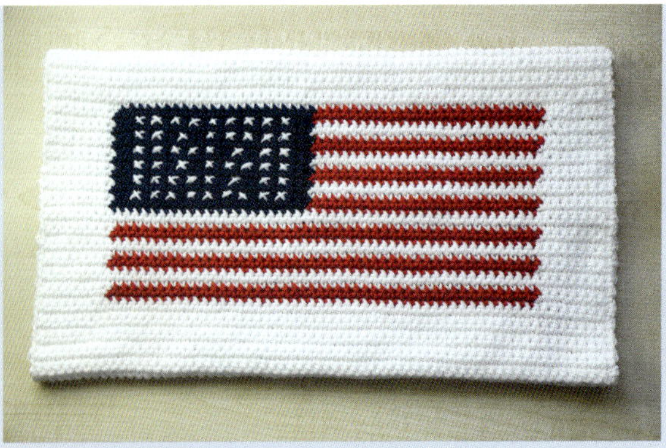

Abb. 82: *Die Seiten zusammenhäkeln.*

Fertigstellung

Vernähen Sie alle Fadenenden mit der Sticknadel auf der Rückseite. Achten Sie darauf, dass Sie die Fäden immer im farblich identen Bereich vernähen.
Falten Sie das Kissen so wie in *Abb. 80* und häkeln Sie zuerst die Ober- und Unterkante mit Kettmaschen und weißem Garn zusammen (*siehe Kapitel Allgemeines, Seite 14 f.*). Achten Sie darauf, dass die linke Seite innen liegt (*Abb. 81*).
Zum Schließen der Seiten falten Sie den Kissenteil so, dass die Kettmaschennaht hinten und die Fahne vorne in der Mitte liegt (*Abb. 82*). Häkeln Sie eine Seite mit weißem Garn und Kettmaschen zusammen. Stecken Sie die Kissenfüllung hinein und schließen Sie die zweite Seite mit Kettmaschen. Vernähen Sie die Fadenenden.

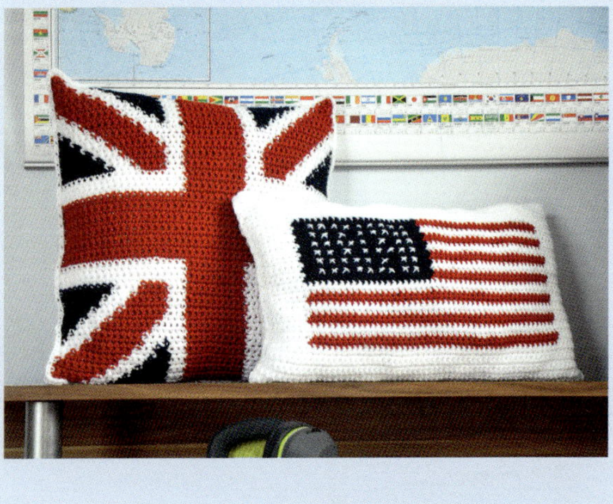

HÄKELVORLAGE

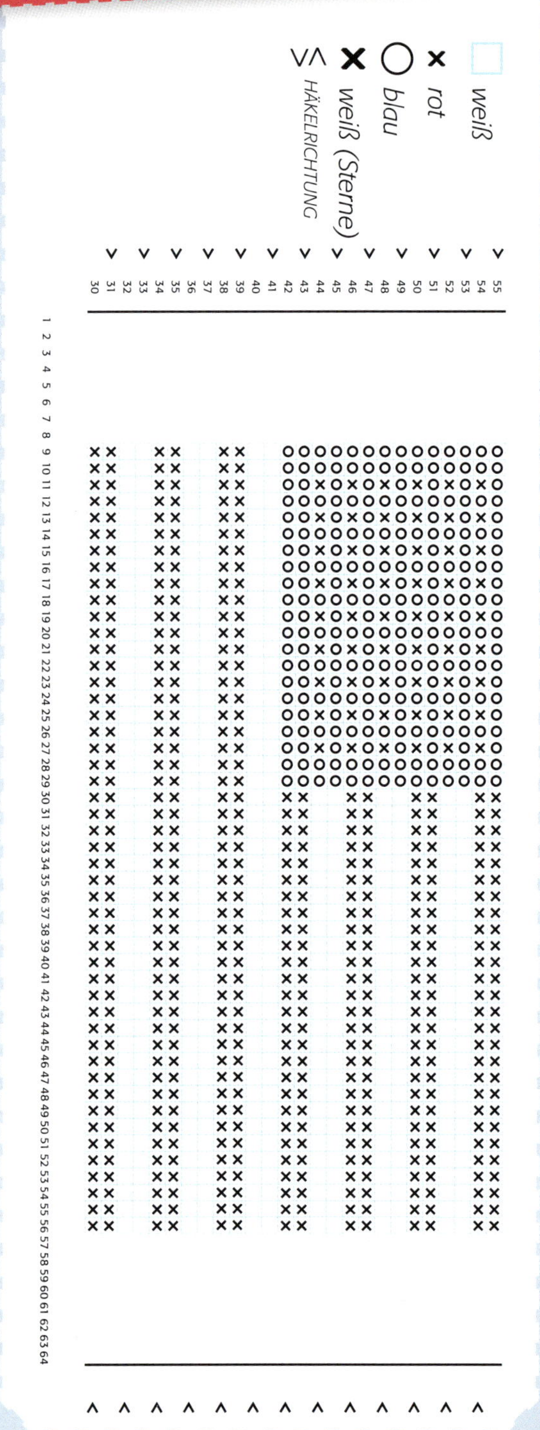

KAPITEL 5

Minimalistischer Stil

weniger ist oft mehr

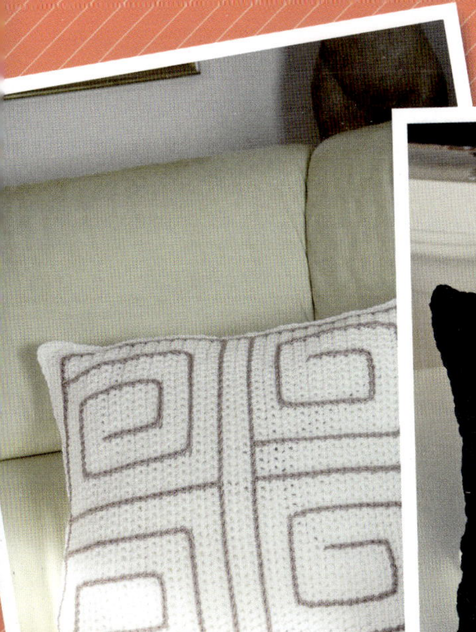

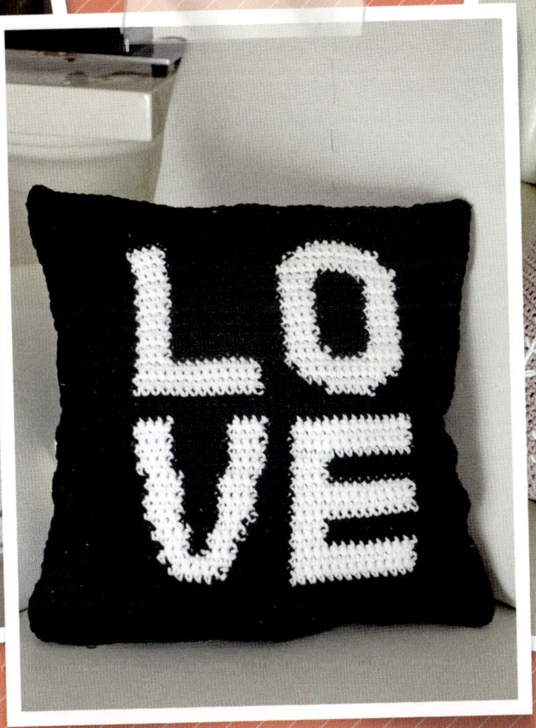

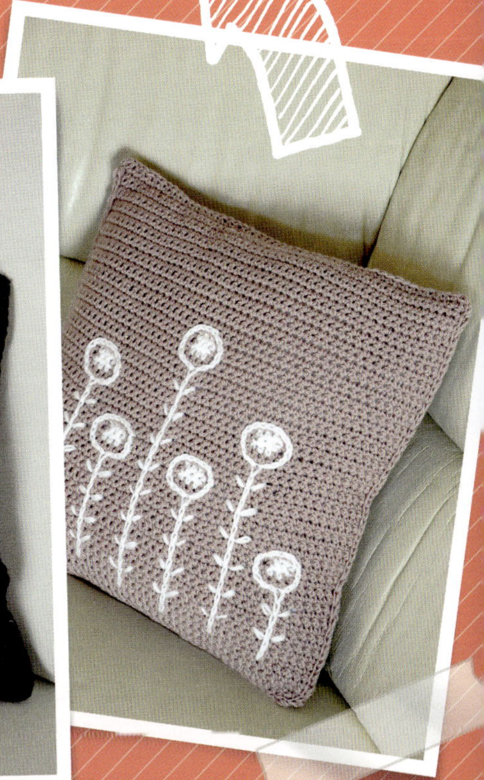

Kissen „Love"

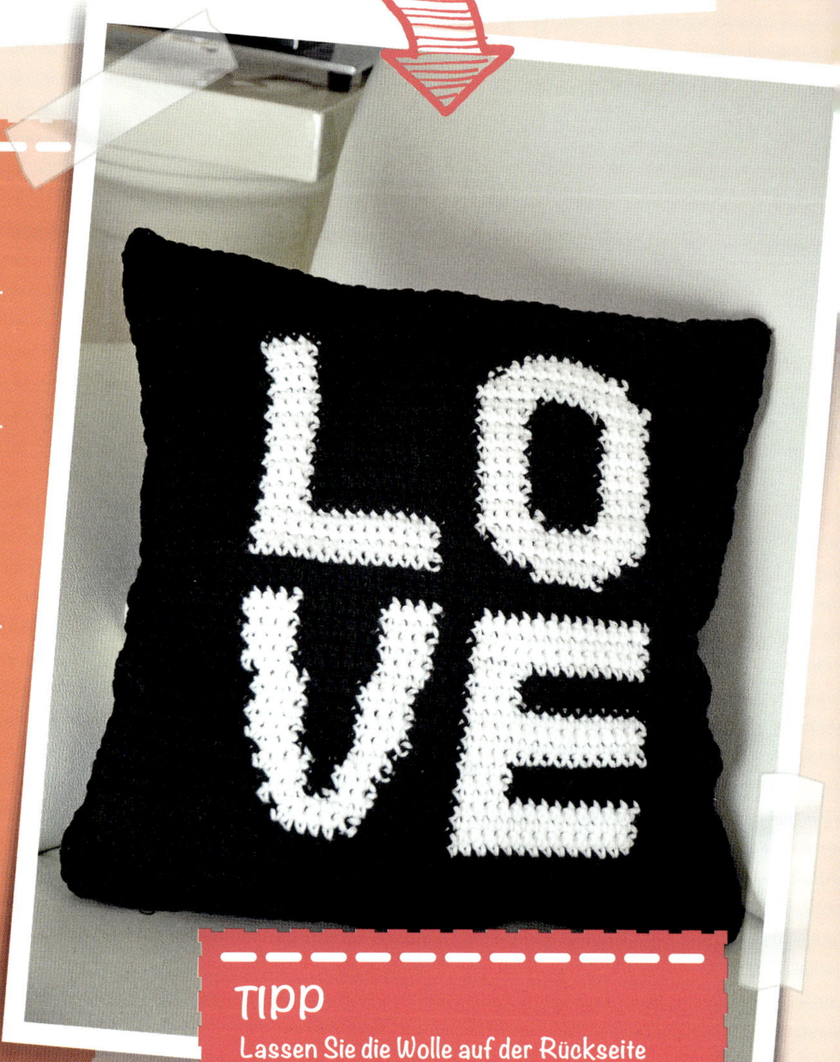

Schwierigkeitsgrad
mittel

Größe
ca. 35 x 35 cm

Maschenprobe
Mit Häkelnadel Nr. 4 in festen Maschen gehäkelt; 13 Maschen und 15 Reihen = 10 x 10 cm

Material
100 g Microfasergarn Micro Grande/Schachenmayr, Farbe: 00101, weiß
200 g Microfasergarn Micro Grande/Schachenmayr, Farbe: 00199, schwarz
Häkelnadel Nr. 4
Füllkissen und/oder Füllwatte
Sticknadel
Schere

TIPP
Lassen Sie die Wolle auf der Rückseite locker weiterlaufen, so reduzieren sich die zu vernähenden Fäden auf ein Minimum. Achten Sie darauf, dass keine Spannung entsteht. In *Abb. 83* sehen Sie den Fadenverlauf auf der Rückseite.

ACHTUNG

Beginnen Sie die Reihe 11 von rechts gelesen und häkeln Sie nun abwechselnd von links und von rechts nach der Pfeilrichtung (*siehe Kapitel Allgemeines, Vorlage lesen, Unregelmäßiges Motiv, Seite 9 f.*). Dabei ist es wichtig, dass Sie in der ersten Reihe die Fäden beim Farbwechsel nach hinten klappen. Somit haben Sie bereits Ihre Kissenrückseite, auf der Sie nun alle Fäden bzw. Fadenenden verlaufen lassen.

Anleitung

(Abkürzungen und Erklärungen siehe Kapitel Allgemeines, Seite 7 ff.)

Für den vorderen Teil des Kissens schlagen Sie 51 Lm in Schwarz an und häkeln Sie wie folgt:
1. Reihe: 1 Lm und in jede weitere Lm eine fM schwarz (= *51 fM*), wenden.
2.–10. Reihe: 1 Lm und 51 fM schwarz, wenden.
11.–49. Reihe: Arbeiten Sie nach der Vorlage weiter. Die Vorlage zeigt in der waagrechten Linie die Anzahl der Maschen und in der senkrechten Linie die Reihen 11–49. Jedes Kästchen entspricht einer Masche und einer Farbe, wobei die Maschen 1–10 und 42–51 in Schwarz gehäkelt werden. Beginnen Sie jede Reihe mit einer Lm und häkeln Sie in der angegebenen Farbe mit fM weiter. Achten Sie darauf, dass Sie die Masche vor dem Farbwechsel bereits in der neuen Farbe abmaschen (*siehe Kapitel Allgemeines, Farbwechsel, Seite 12 f.*).

50.–59. Reihe: 1 Lm und 51 fM schwarz, wenden. Nach der letzten Reihe schneiden Sie den Faden mit einer Länge von ca. 10 cm ab, machen eine Km und ziehen den Faden durch die Schlaufe.

Für den hinteren Teil des Kissens schlagen Sie 51 Lm in Schwarz an und häkeln Sie wie folgt:

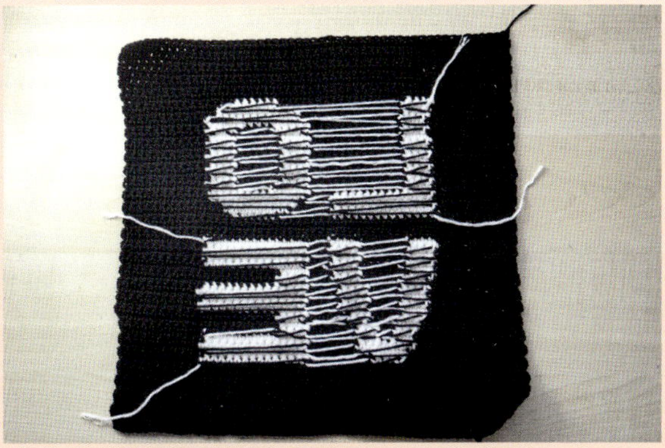

***Abb. 83:** Rückseite*

1. Reihe: 1 Lm und in jede weitere Lm eine fM schwarz (= *51 fM*), wenden.
2.–59. Reihe: 1 Lm und 51 fM schwarz, wenden. Nach der letzten Masche machen Sie eine Km, schneiden den Faden mit einer Länge von ca. 10 cm ab und ziehen diesen durch die Masche.

Fertigstellung

Vernähen Sie alle Fadenenden mit der Sticknadel auf der Rückseite. Achten Sie darauf, dass Sie die Fäden immer im farblich identen Bereich vernähen.
Legen Sie die beiden Kissenteile links auf links, Oberkante an Oberkante und häkeln Sie das Kissen mit schwarzem Garn und Kettmaschen zusammen (*siehe Kapitel Allgemeines, Seite 14 f.*). Bevor Sie die letzte Seite schließen, stecken Sie die Kissenfüllung hinein. Vernähen Sie die Fadenenden.

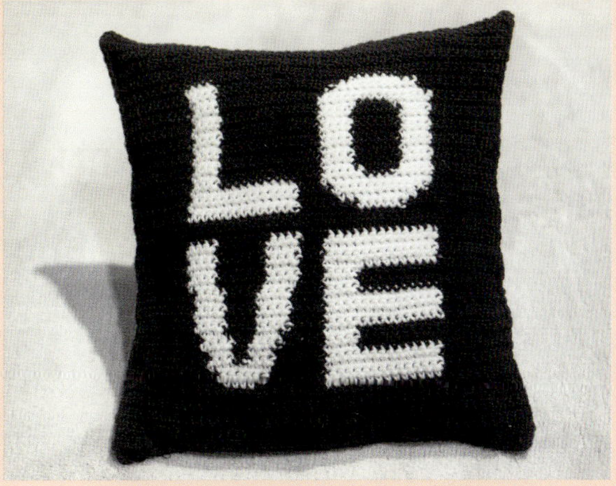

HÄKELVORLAGE

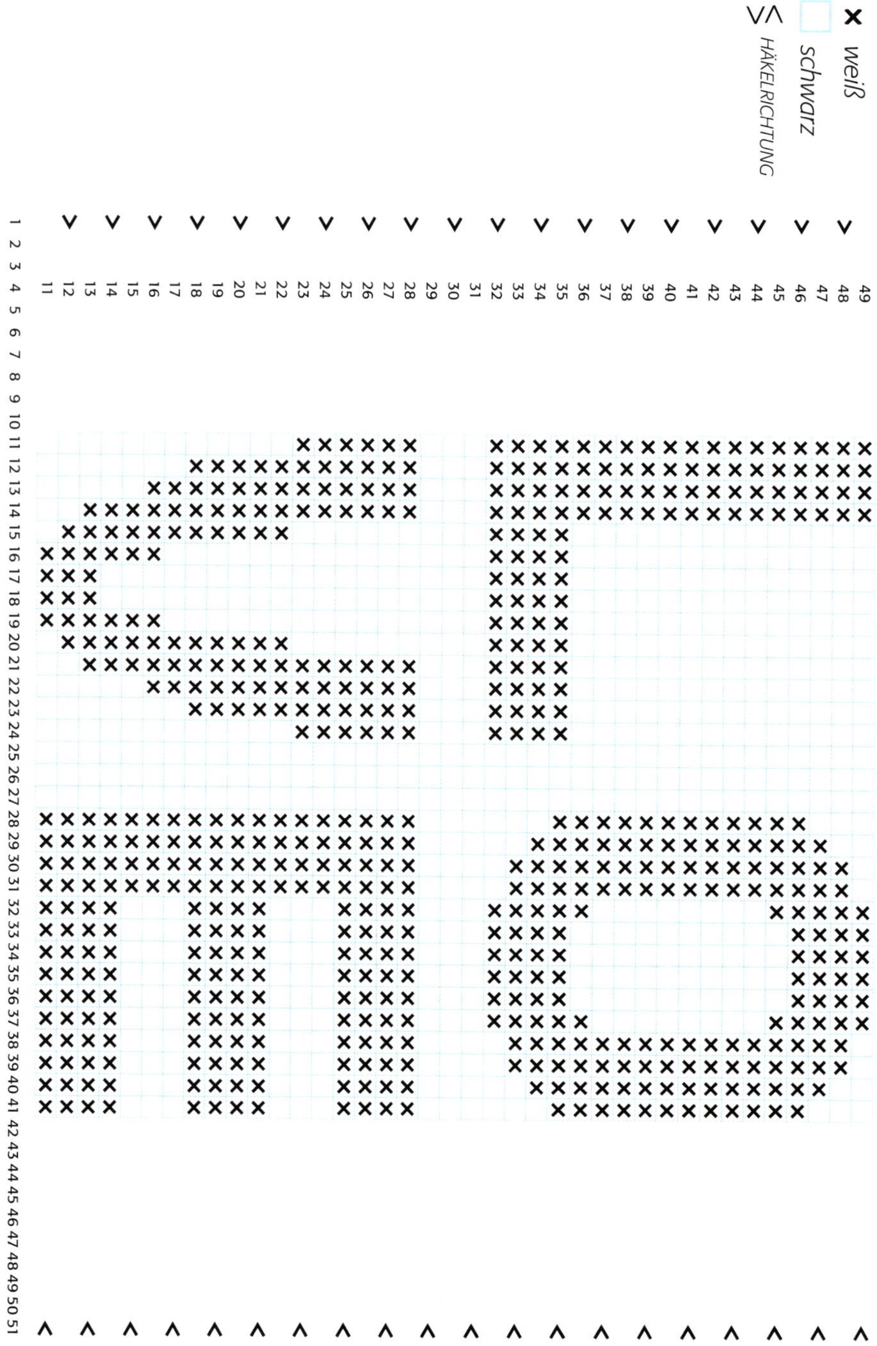

Kissen
„Peace"

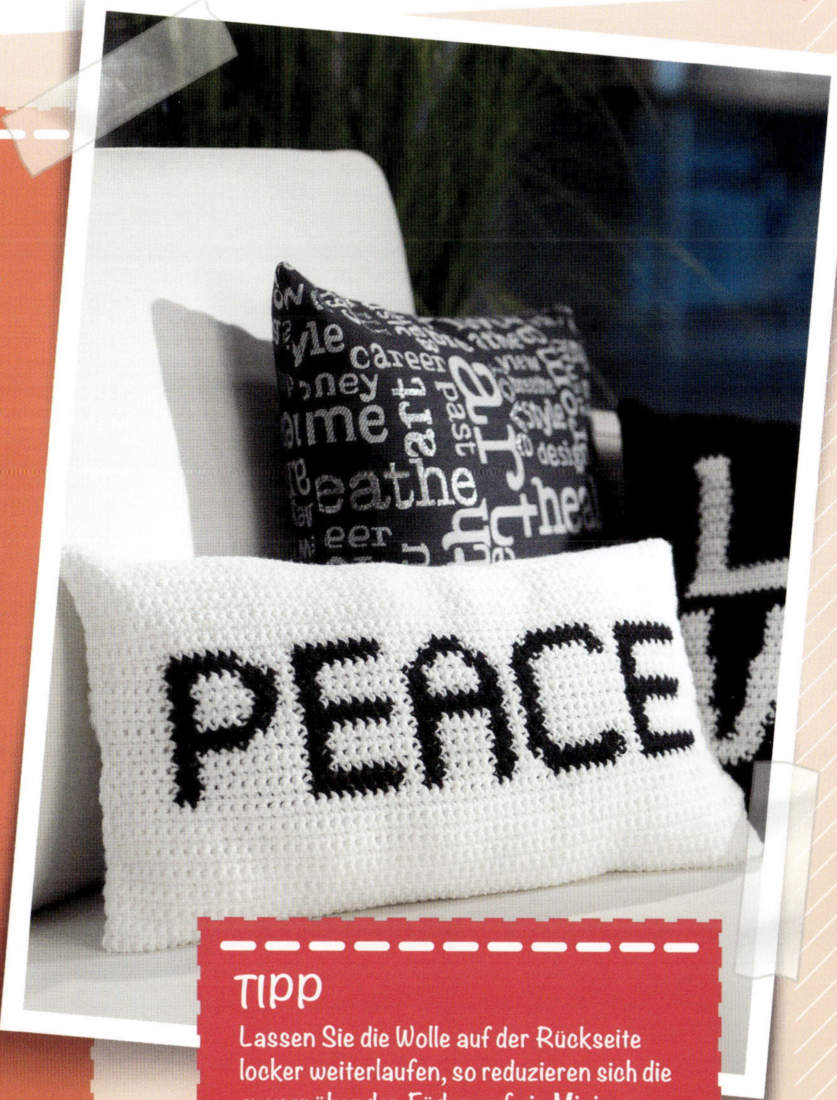

Schwierigkeitsgrad
mittel

Größe
ca. 45 x 30 cm

Maschenprobe
Mit Häkelnadel Nr. 4 in festen Maschen gehäkelt; 13 Maschen und 15 Reihen = 10 x 10 cm

Material
200 g Microfasergarn Micro Grande/Schachenmayr, Farbe: 00101, weiß
100 g Microfasergarn Micro Grande/Schachenmayr, Farbe: 00199, schwarz
Häkelnadel Nr. 4
Füllkissen und/oder Füllwatte
Sticknadel
Schere

TIPP
Lassen Sie die Wolle auf der Rückseite locker weiterlaufen, so reduzieren sich die zu vernähenden Fäden auf ein Minimum. Achten Sie darauf, dass keine Spannung entsteht. In *Abb. 84* sehen Sie den Fadenverlauf auf der Rückseite.

Anleitung

(Abkürzungen und Erklärungen siehe Kapitel Allgemeines, Seite 7 ff.)

Dieses Kissen wird in einem Teil gehäkelt. Schlagen Sie 64 Lm in Weiß an und häkeln Sie wie folgt:
1. Reihe: 1 Lm und in jede weitere Lm eine fM weiß (*= 64 fM*), wenden.
2.–35. Reihe: 1 Lm und 64 fM weiß, wenden.
36.–49. Reihe: Arbeiten Sie nach der Vorlage weiter. Die Vorlage zeigt in der waagrechten Linie die Anzahl der Maschen und in der senkrechten Linie die Reihen 36–49. Jedes Kästchen entspricht einer Masche und einer Farbe, wobei die Maschen 1–6 und 59–64 in Weiß gehäkelt werden. Beginnen Sie jede Reihe mit einer Lm und häkeln Sie in der angegebenen Farbe mit fM weiter. Achten Sie darauf, dass Sie die Masche vor dem Farbwechsel bereits in der neuen Farbe abmaschen (*siehe Kapitel Allgemeines, Seite 12 f.*).

ACHTUNG

Beginnen Sie die Reihe 36 von rechts gelesen und häkeln Sie nun abwechselnd von links und von rechts nach Pfeilrichtung (*siehe Kapitel Allgemeines, Vorlage lesen, Unregelmäßiges Motiv, Seite 9 f.*). Dabei ist es wichtig, dass Sie in der ersten Reihe die Fäden beim Farbwechsel nach hinten klappen. Somit haben Sie bereits Ihre Kissenrückseite, auf der Sie nun alle Fäden bzw. Fadenenden verlaufen lassen.

50.–84. Reihe: 1 Lm und 64 fM weiß, wenden. Nach der letzten Masche machen Sie eine Km, schneiden den Faden mit einer Länge von ca. 10 cm ab und ziehen diesen durch die Masche.

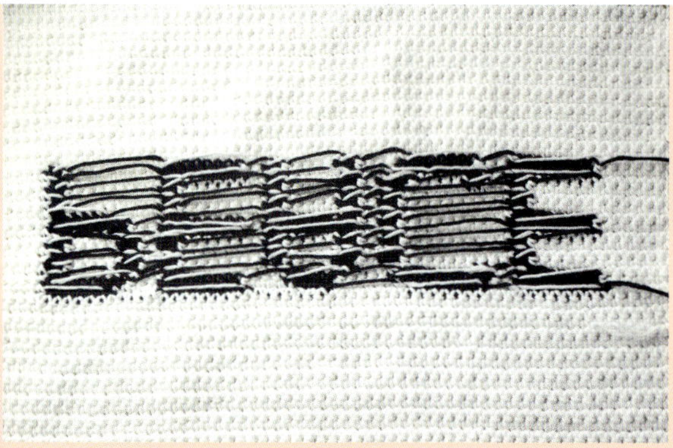

Abb. 84: *Rückseite*

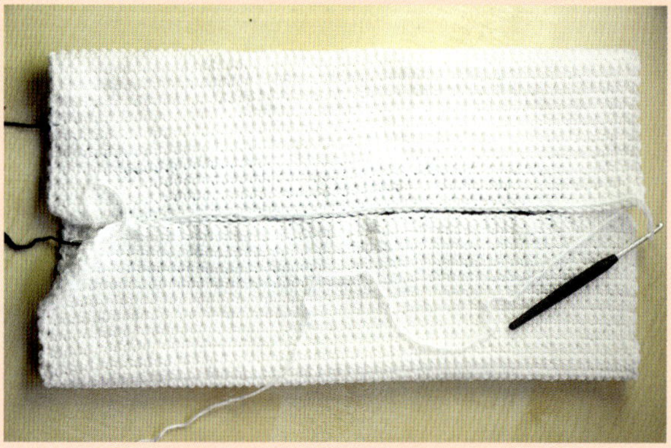

Abb. 85: *Das Kissen richtig falten.*

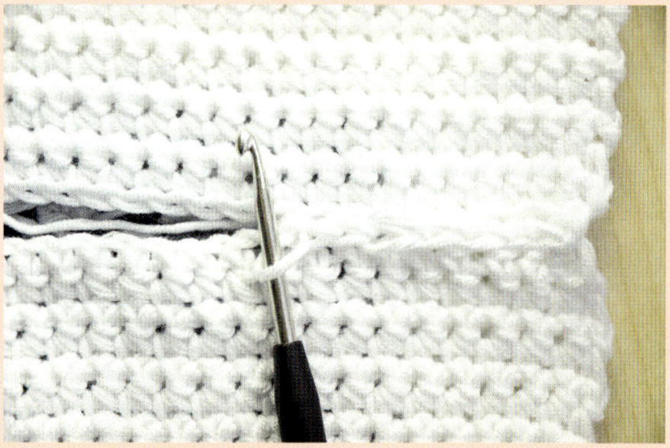

Abb. 86: *Mit Kettmaschennaht zusammenhäkeln.*

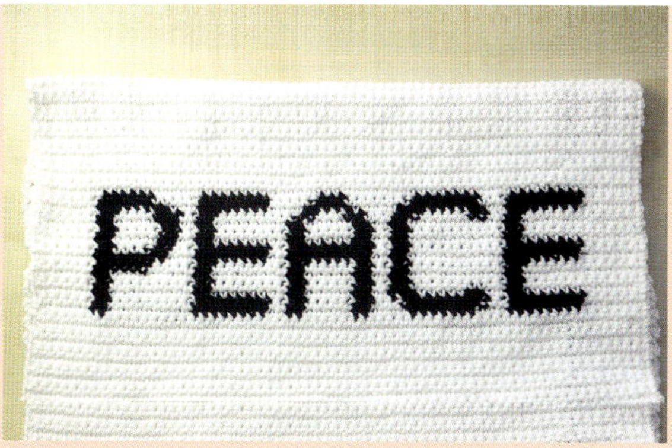

***Abb. 87:** Kissen auflegen und eine Seite zusammenhäkeln.*

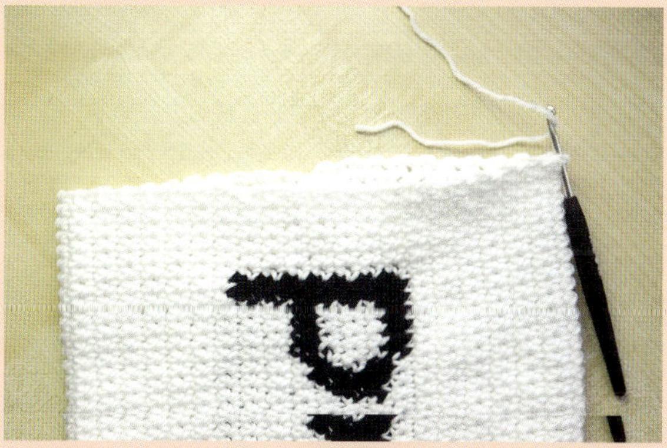

***Abb. 88:** Den Faden holen und Kettmaschen machen.*

Fertigstellung

Vernähen Sie alle Fadenenden mit der Sticknadel auf der Rückseite. Achten Sie darauf, dass Sie die Fäden immer im farblich identen Bereich vernähen.
Falten Sie das Kissen so wie in *Abb. 85* und häkeln Sie zuerst die Ober- und Unterkante mit Kettmaschen und weißem Garn zusammen (*siehe Kapitel Allgemeines, Seite 14 f.*). Achten Sie darauf, dass die linke Seite innen liegt (*Abb. 86*).
Zum Schließen der Seiten falten Sie den Kissenteil so, dass die Kettmaschennaht hinten und die Fahne vorne in der Mitte liegt (*Abb. 87*). Häkeln Sie eine Seite mit weißem Garn und Kettmaschen zusammen (*Abb. 88*). Stecken Sie die Kissenfüllung hinein und schließen Sie die zweite Seite mit Kettmaschen. Vernähen Sie die Fadenenden.

HÄKELVORLAGE

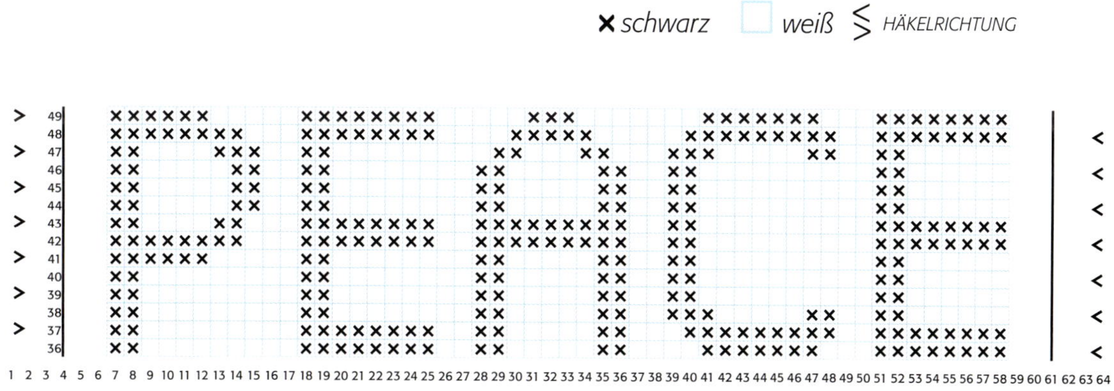

Kissen
mit Blumen

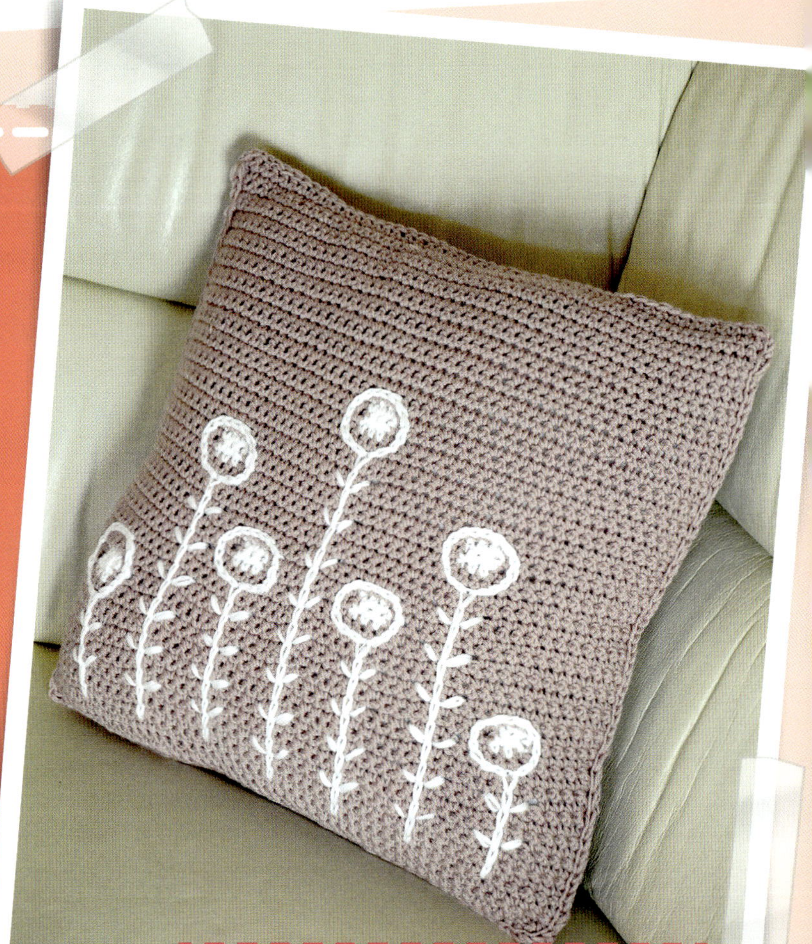

Schwierigkeitsgrad
mittel

Größe
ca. 40 x 40 cm

Maschenprobe
Mit Häkelnadel Nr. 4 in festen Maschen gehäkelt; 13 Maschen und 15 Reihen = 10 x 10 cm

Material
200 g Microfasergarn Micro Grande/Schachenmayr, Farbe: 00105, schlamm
50 g Sun City/Schachenmayr, Farbe: 00101, weiß, oder ersatzweise Garnreste in der gleichen Stärke
Häkelnadel Nr. 4
Sticknadel
Füllkissen und/oder Füllwatte
Schere

TIPP
Verwenden Sie beim weißen Garn den äußeren und den inneren Fadenanfang. So ersparen Sie sich eine Menge Arbeit beim Vernähen der Fäden.

Anleitung

(Abkürzungen und Erklärungen siehe Kapitel Allgemeines, Seite 7 ff.)

Für den vorderen Teil des Kissens schlagen Sie 51 Lm in Schlamm an und häkeln Sie wie folgt:
1. Reihe: 1 Lm und je 1 fM in jede weitere Luftmasche (= *51 fM*) schlamm, wenden.
2.–17 Reihe: 1 Lm und 51 fM schlamm, wenden.
18.–44. Reihe: Arbeiten Sie nach der Vorlage. Die Vorlage zeigt in der waagrechten Linie die Anzahl der Maschen und in der senkrechten Linie die Reihen 4–44. Jedes Kästchen entspricht einer Masche und einer Farbe, wobei die Maschen 1–6 und 46–51 in Schlamm gehäkelt werden. Beginnen Sie jede Reihe mit einer Lm und häkeln Sie in der angegebenen Farbe mit fM weiter. Achten Sie darauf, dass Sie die Masche vor dem Farbwechsel bereits in der neuen Farbe abmaschen (*siehe Kapitel Allgemeines, Seite 12 f.*).
Beginnen Sie mit Reihe 18.
45.–61. Reihe: 1 Lm und 51 fM schlamm, wenden.
Nach der letzten Masche machen Sie eine Km, schneiden den Faden mit einer Länge von ca. 10 cm ab und ziehen diesen durch die Masche.

Für den hinteren Teil des Kissens schlagen Sie 51 Lm in Schlamm an und häkeln Sie wie folgt:
1. Reihe: 1 Lm und je 1 fM in jede weitere Luftmasche (= *51 fM*) schlamm, wenden.
2.–61 Reihe: je 1 Lm, 51 fM schlamm, wenden.
Nach der letzten Masche machen Sie eine Km, schneiden den Faden mit einer Länge von ca. 10 cm ab und ziehen diesen durch die Masche.

Aufhäkeln der Blumen mit Luftmaschen

Häkeln Sie zuerst die Stängel, anschließend die Blüten und zum Schluss die Blätter. Die Ziernähte werden mit Luftmaschen gehäkelt. Der Beginn der Stängel ist in der Vorlage mit V eingezeichnet.
Legen Sie hierzu den gehäkelten Teil rechts mit der Oberkante nach oben auf. Nehmen Sie einen ca. 1 m langen weißen Faden und die Häkelnadel zur Hand. Zählen Sie auf der linken Seite von der Unterkante 4 Reihen hinauf und 7 Maschen herein und holen Sie im Zwischenraum zwischen der 7. und 8. Masche den Faden, indem Sie mit der Häkelnadel von oben nach unten einstechen und eine weiße Schlaufe auf die Vorderseite ziehen (*Abb. 89*). Lassen Sie die Schlaufe auf der Häkelnadel und stechen Sie in den zweiten Zwischenraum senkrecht darüber von oben nach unten ein und holen Sie die nächste weiße Schlaufe (*Abb. 90*). Wiederholen Sie diese Arbeitsschritte bis zu der Reihe unterhalb des weißen Farbeinsatzes (*Abb. 91*).
Für die Blüte häkeln Sie eine Runde um den weißen Farbeinsatz wie folgt (Der Häkelteil dreht sich bei der Arbeit, deshalb beschreibe ich die Arbeit nach der Vorderansicht der Blume.):
Häkeln Sie 2 Maschen waagrecht nach links (*Abb. 92*), 1 Masche schräg links nach oben, 3 Maschen senkrecht hinauf, 1 Masche schräg rechts nach oben (*Abb. 93*), 4 Maschen waagrecht nach rechts, 1 Masche schräg rechts nach unten, 3 Maschen senkrecht hinunter, 1 Masche schräg links nach unten, 2 Masche waagrecht nach links und mit der letzten Masche schließen Sie den Kreis (*Abb. 94*). Stechen Sie mit der Häkelnadel von unten nach oben ein und ziehen Sie den Faden nach hinten.
Lassen Sie den Faden hängen und häkeln Sie die Blätter. Stechen Sie in jede vierte Reihe vom Stängelanfang beginnend mit der Häkelnadel in den Zwischenraum des Stängels (neben der Masche), zählen Sie zwei Häkellöcher nach links und zwei Häkellöcher hinauf und holen Sie dort die nächste Schlinge (*Abb. 95*). Stechen Sie mit der Häkelnadel von unten nach oben, stülpen Sie die Schlaufe über die erste Schlinge und ziehen Sie diese nach hinten (*Abb. 96*). Wiederholen Sie diese Arbeitsschritte auf der rechten Seite des Stängels.
Wiederholen Sie diese Arbeitsschritte für die weiteren sechs Blumen, wobei Sie die Stängel zwischen der 13. und 14. Masche, der 19. und 20. Masche, der 25. und 26. Masche, der 31. und 32. Masche, der 37. und 38. Masche und der 43. und 44. Masche häkeln.

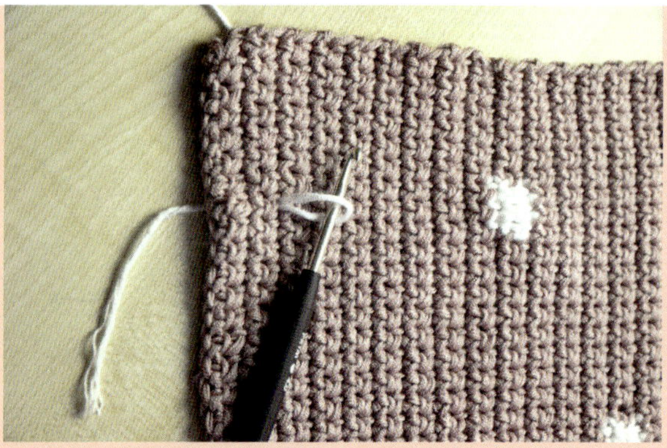

Abb. 89: *Stängel häkeln – 1. Schritt*

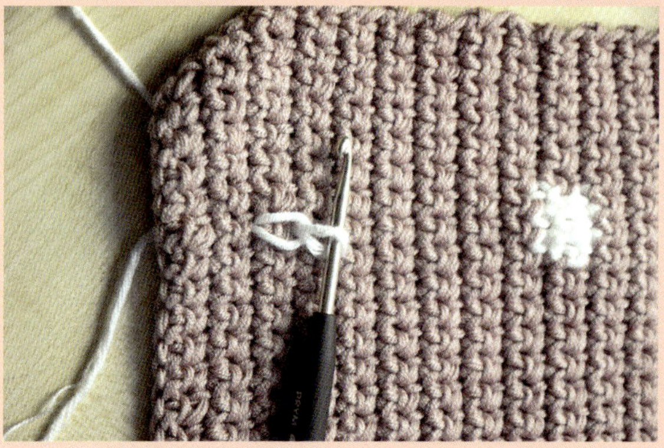

Abb. 90: *Stängel häkeln – 2. Schritt*

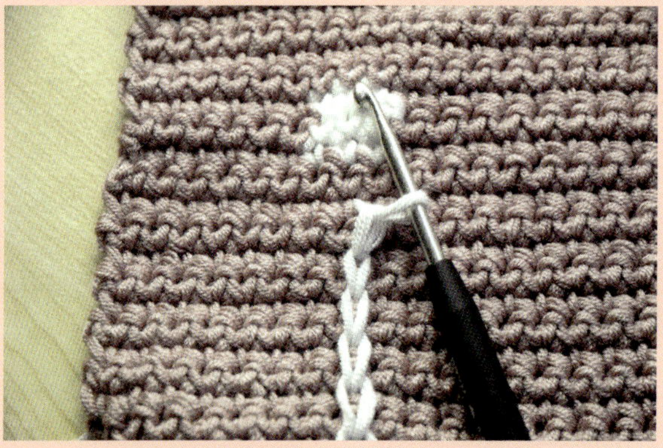

Abb. 91: *Die Ziernaht bis zur letzten Reihe vor dem Farbeinsatz häkeln …*

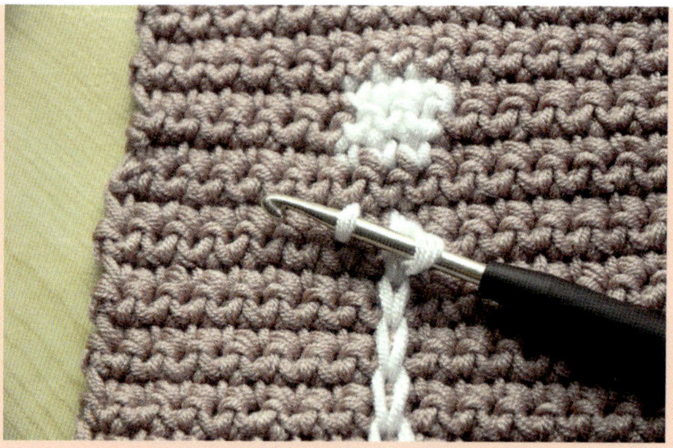

Abb. 92: *… nach links weiterhäkeln …*

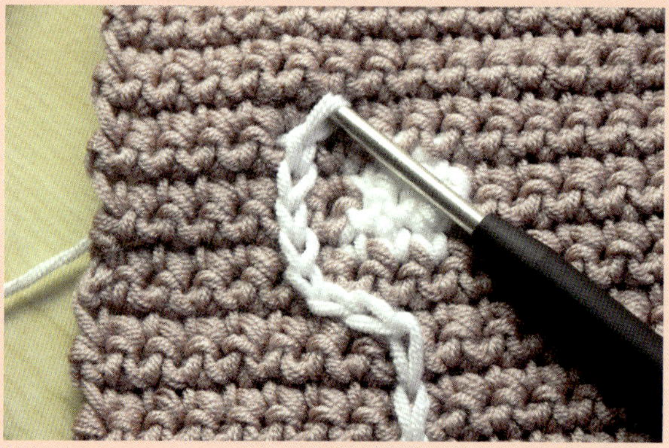

Abb. 93: *… schräg rechts häkeln.*

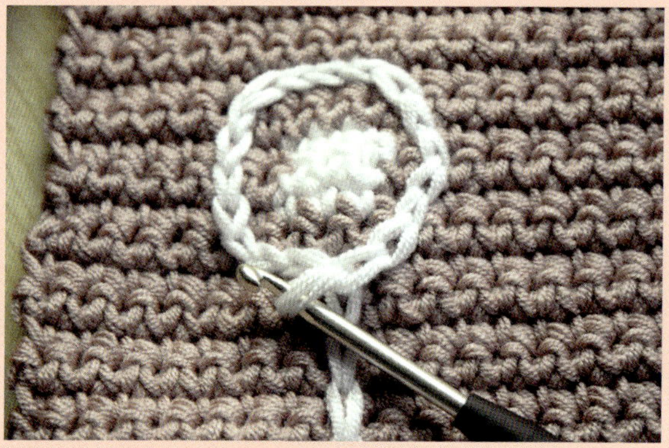

Abb. 94: *Den Kreis schließen.*

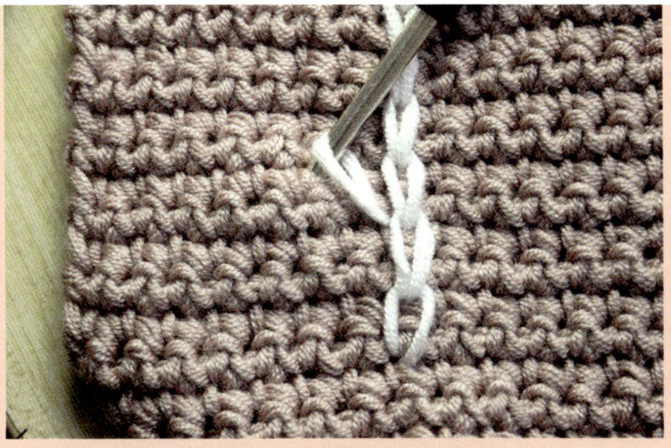

***Abb. 95:** Den Faden für das Blatt holen.*

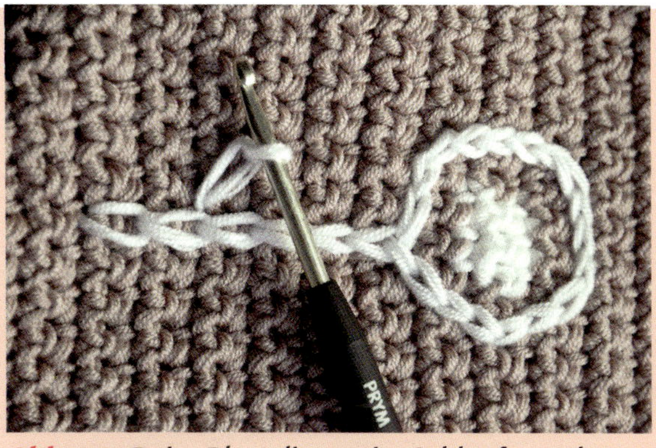

***Abb. 96:** Beim Blatt die zweite Schlaufe nach hinten ziehen.*

Fertigstellung

Vernähen Sie alle Fadenenden mit der Sticknadel auf der Rückseite. Achten Sie darauf, dass Sie die Fäden immer im farblich identen Bereich vernähen.
Legen Sie die beiden Kissenteile links auf links, Oberkante auf Oberkante und häkeln Sie das Kissen an drei Seiten mit schlammfarbenem Garn und Kettmaschen zusammen (*siehe Kapitel Allgemeines, Seite 14 f.*). Stecken Sie die Kissenfüllung hinein und schließen Sie auch die letzte Seite mit Kettmaschen. Vernähen Sie die Fadenenden.

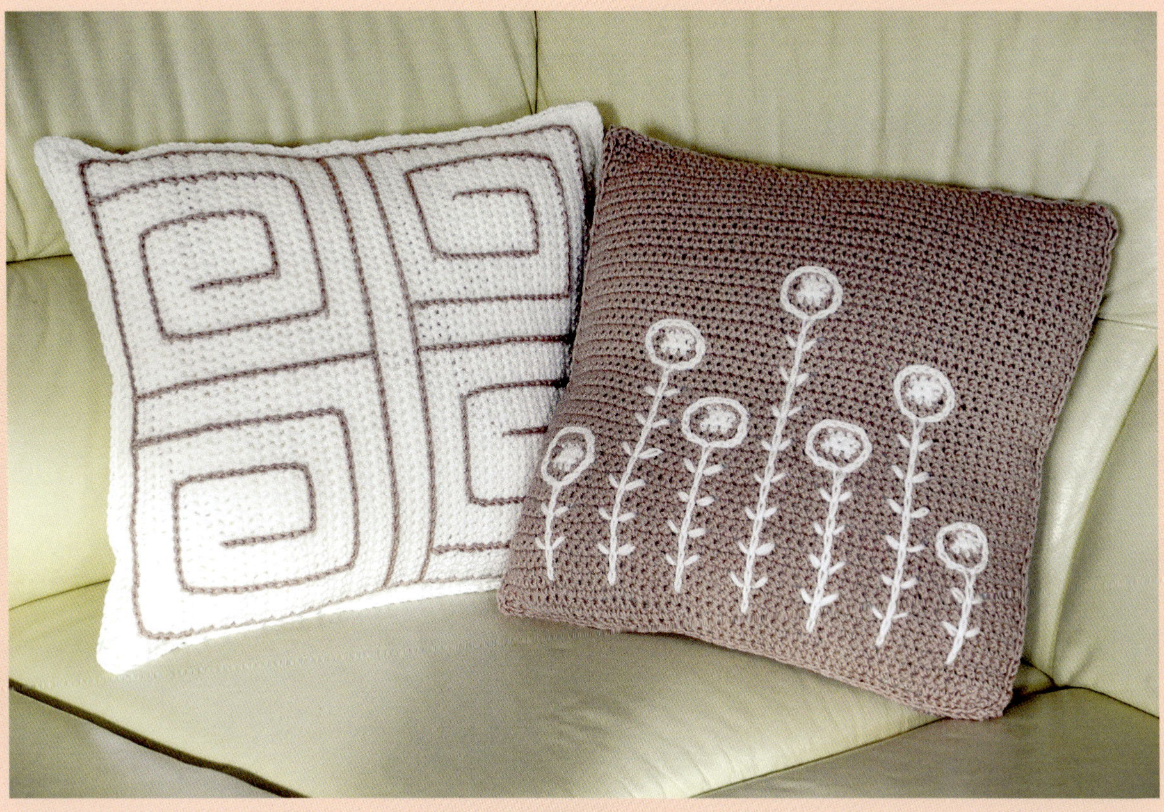

HÄKELVORLAGE

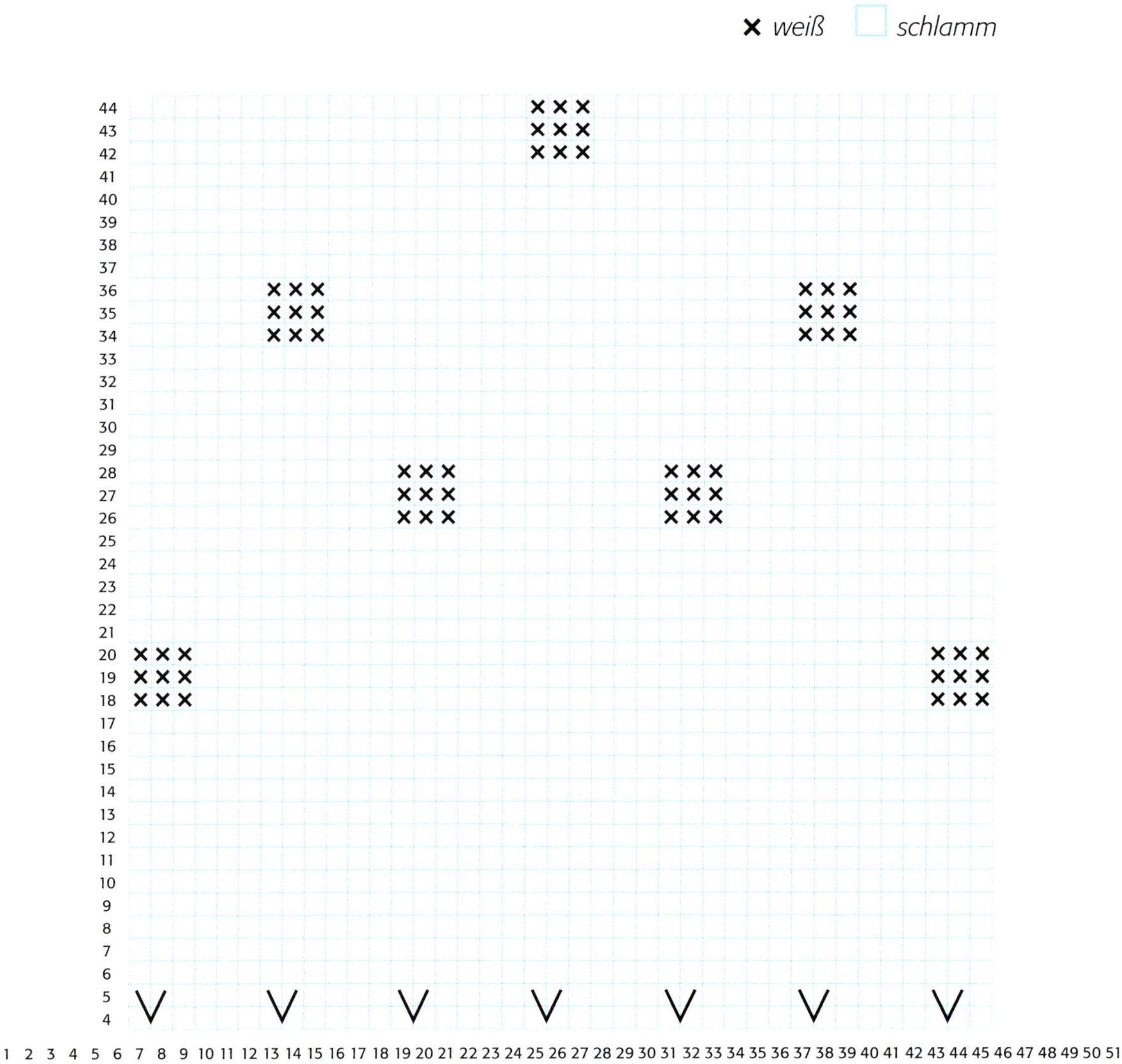

Kissen
mit Ornamenten

Schwierigkeitsgrad
mittel

Größe
ca. 40 x 40 cm

Maschenprobe
Mit Häkelnadel Nr. 4 in festen Maschen gehäkelt; 13 Maschen und 15 Reihen = 10 x 10 cm

Material
200 g Microfasergarn Micro Grande/Schachenmayr, Farbe: 00101, weiß
50 g Catania Grande/Schachenmayr, Farbe: 3254, schlamm, ersatzweise Woll- oder Garnreste derselben Stärke
Häkelnadel Nr. 4
Sticknadel
Füllkissen und/oder Füllwatte
Schere

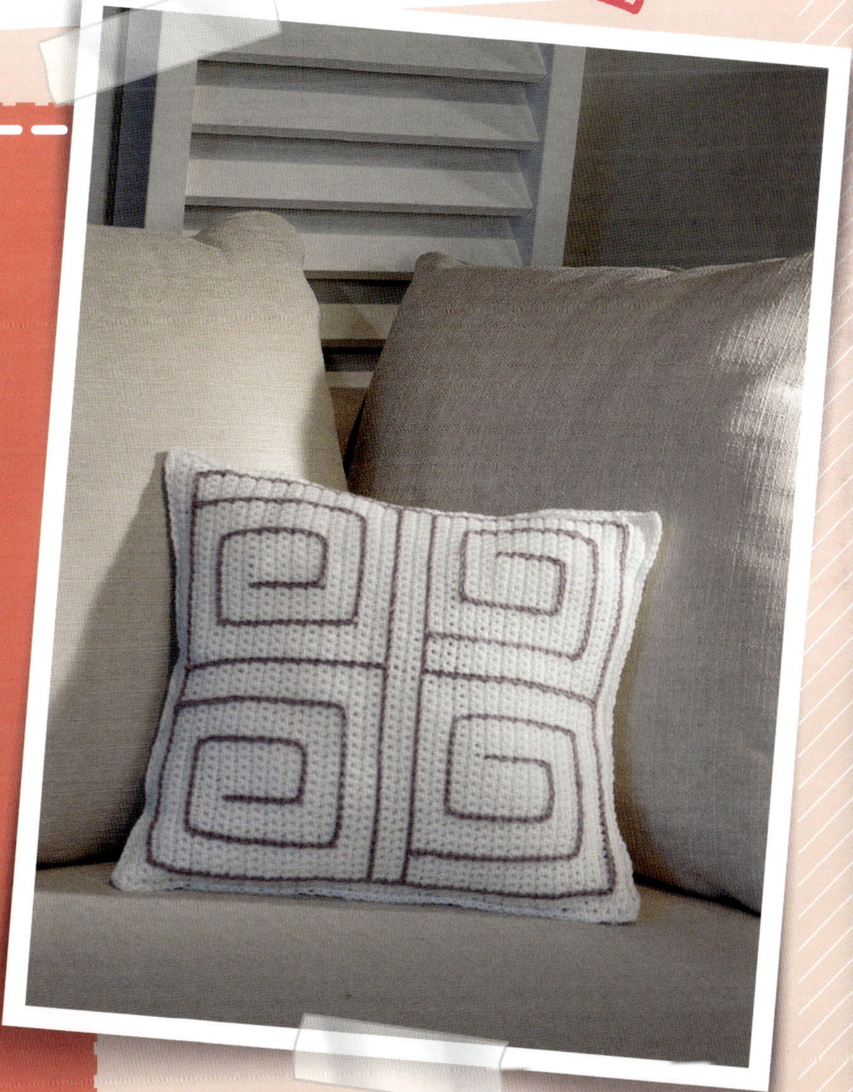

Anleitung

(Abkürzungen und Erklärungen siehe Kapitel Allgemeines, Seite 7 ff.)

Für den vorderen Kissenteil schlagen Sie 50 Lm in weißem Microfasergarn an und häkeln Sie wie folgt:
1. Reihe: 1 Lm und je 1 fM in jede weitere Luftmasche weiß (= *50 fM*), wenden.
2.–60 Reihe: 1 Lm, danach 50 fM weiß, wenden.
Nach der letzten Masche machen Sie eine Km, schneiden den Faden mit einer Länge von ca. 10 cm ab und ziehen diesen durch die Masche.

Für den hinteren Kissenteil schlagen Sie 50 Lm in Weiß an und wiederholen die Reihen 1–60. Nach der letzten Masche machen Sie eine Km, schneiden den Faden mit einer Länge von ca. 10 cm ab und ziehen diesen durch die Masche.

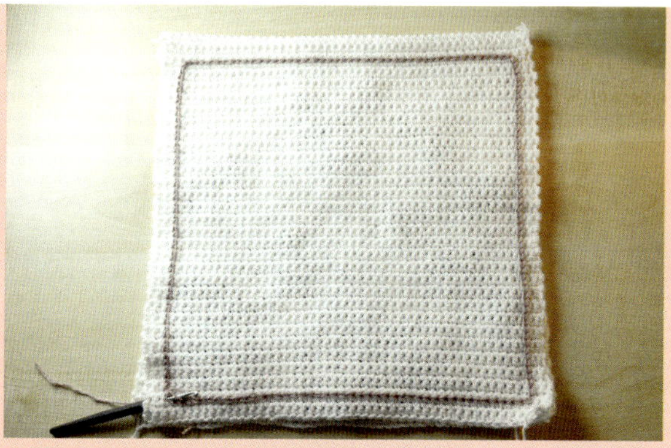

Abb. 97: *Die Außenziernaht häkeln.*

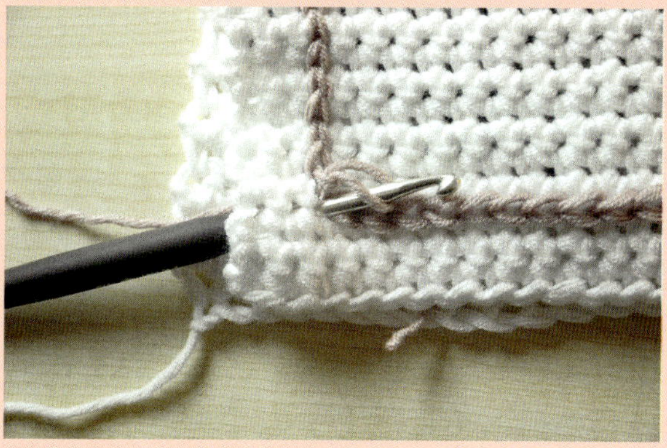

Abb. 98: *Am Ende der Ziernaht wieder in die erste Masche stechen.*

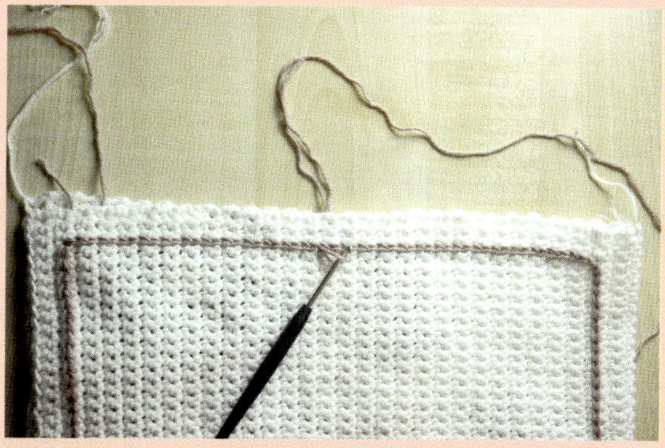

Abb. 99: *Eine waagrechte Mittellinie häkeln.*

Aufhäkeln der Ornamente mit Luftmaschen

(*siehe Kapitel Allgemeines, Ziernaht mit Luftmaschen, Seite 16 f.*)

Nehmen Sie die Vorlage zur Hand und häkeln Sie zuerst die Außenzierlinie (*Abb. 97*). Beginnen Sie an der Ecke links unten und stechen Sie mit der Häkelnadel in den Zwischenraum, 3 Reihen von der Unterkante und zwei Maschen vom Rand entfernt, von oben nach unten ein und holen Sie den Faden. Häkeln Sie nun die Ziernaht entlang der Unterkante über die rechte Seite weiter entlang der Oberkante und auf der linken Seite wieder zurück. Am Anfang angekommen, stechen Sie in die erste Masche der Zierlinie und holen Sie den Faden. Schneiden Sie den Faden mit einer Länge von ca. 10 cm ab, stülpen die Schlaufe über die vorangegangene Schlinge und ziehen Sie diese von unten nach hinten (*Abb. 98*).

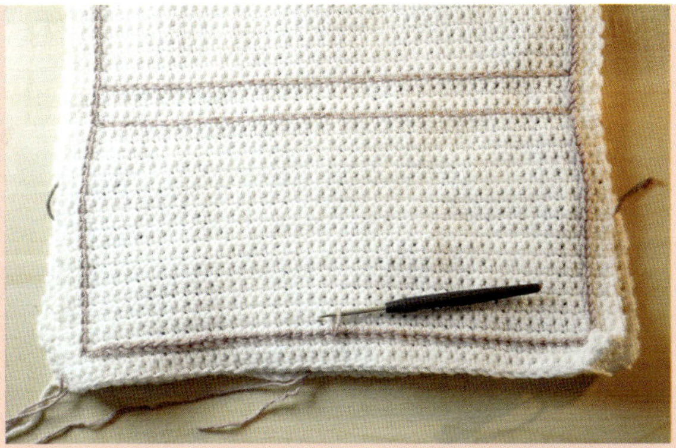

***Abb. 100:* Eine senkrechte Mittellinie häkeln.**

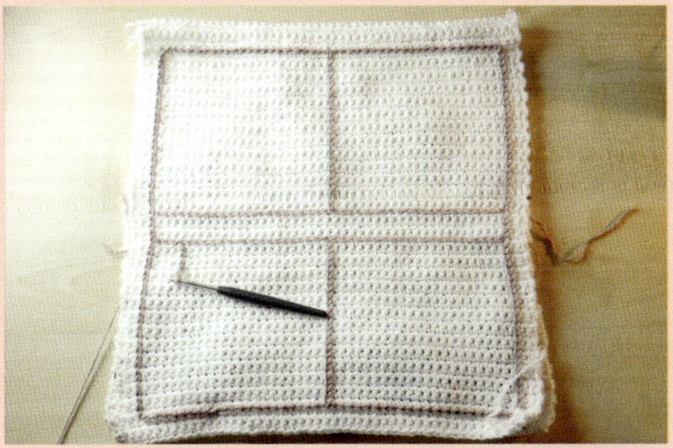

***Abb. 101:* Die Ornamente im unteren Teil rechts aufhäkeln.**

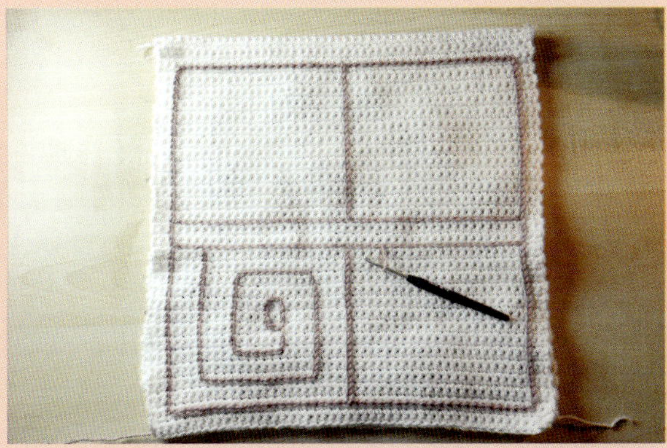

***Abb. 102:* Die Ornamente im unteren Teil links aufhäkeln.**

Anschließend häkeln Sie die waagrechten Linien, wobei Sie zwischen der 28. und der 29. Reihe sowie zwischen der 32. und der 33. Reihe in die Außenzierlinie einstechen (*Abb. 99*).
Ebenso häkeln Sie die senkrechte Zierlinie beginnend in der Mitte der Außenzierlinie entlang der Unterkante zwischen der 25. und 26. Masche von der Reihe 4–28 und 33–57 (der Bereich zwischen den beiden waagrechten Zierlinien wird ausgespart, *Abb. 100*).
Die Ornamente innerhalb der vier Felder beginnen Sie im unteren Teil an der Mittellinie. Auf der linken Seite rücken Sie 4 Maschen von der Außenziernaht hinein, auf der rechten Seite rücken Sie 4 Maschen von der Mittellinie herein (*Abb. 101, 102*). Häkeln Sie nun die Linie bis 4 Maschen vor der unteren Zierlinie, häkeln anschließend nach rechts, senkrecht hinauf, weiter nach links, senkrecht hinunter, nach rechts und senkrecht hinauf, wobei Sie die neue Richtung immer 4 Maschen vor der entgegenkommenden Zierlinie einschlagen.
Die Ornamente innerhalb der 4 Felder im oberen Teil beginnen Sie an der Außenziernaht, 4 Maschen links von der Mittel- sowie 4 Maschen links von der rechten Außenziernaht. Häkeln Sie hier senkrecht hinunter bis 4 Maschen vor der Zierlinie, häkeln Sie links weiter, anschließend senkrecht hinauf, nach rechts und senkrecht hinunter, wiederum nach links und senkrecht hinauf, wobei Sie immer 4 Maschen vor der Zierlinie die Richtung wechseln.

Fertigstellung

Vernähen Sie alle Fadenenden mit der Sticknadel auf der Rückseite.
Legen Sie die beiden Kissenteile links auf links, Oberkante an Oberkante und häkeln Sie drei Seiten des Kissens mit weißem Garn und festen Maschen zusammen (*siehe Kapitel Allgemeines, Seite 15*).
Stecken Sie die Kissenfüllung hinein und schließen Sie auch die letzte Seite mit festen Maschen.
Vernähen Sie die Fadenenden.

HÄKELVORLAGE

— *(Linien) schlamm* □ *weiß*

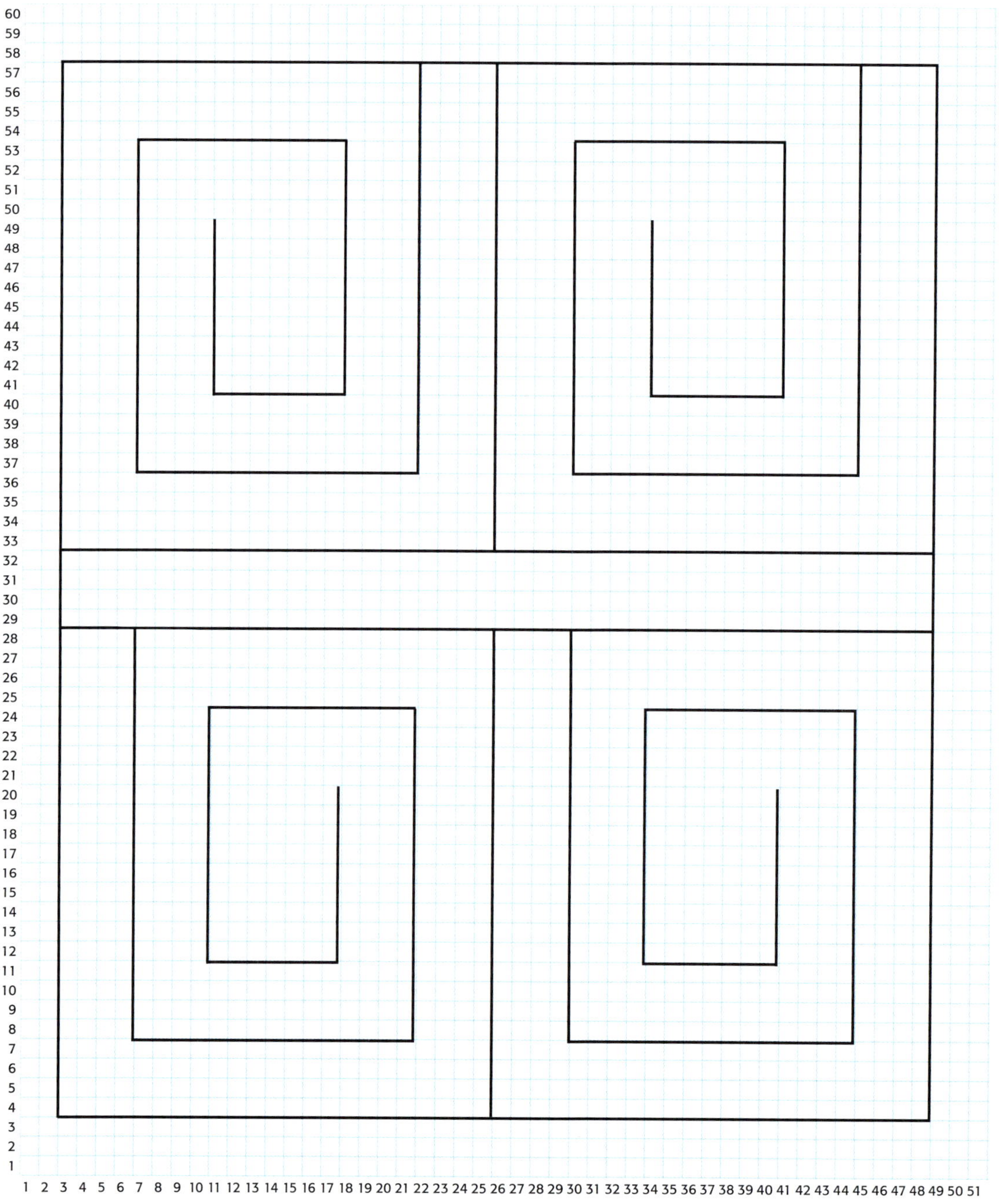

KAPITEL 6

Trends für das Wohnzimmer

wohnlich und hübsch

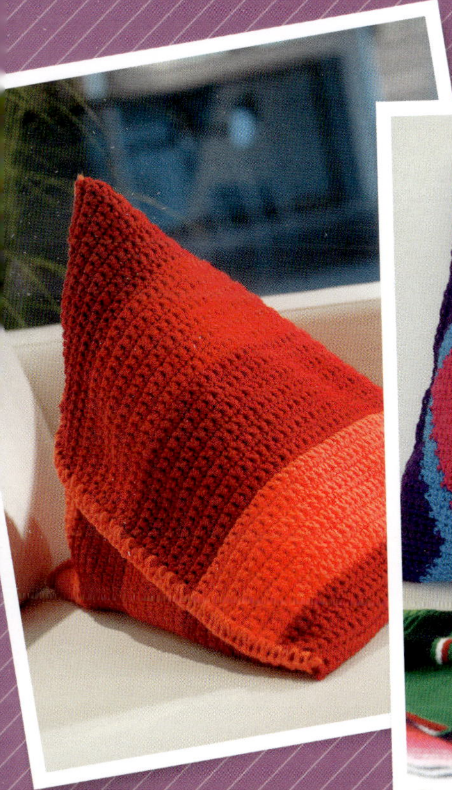

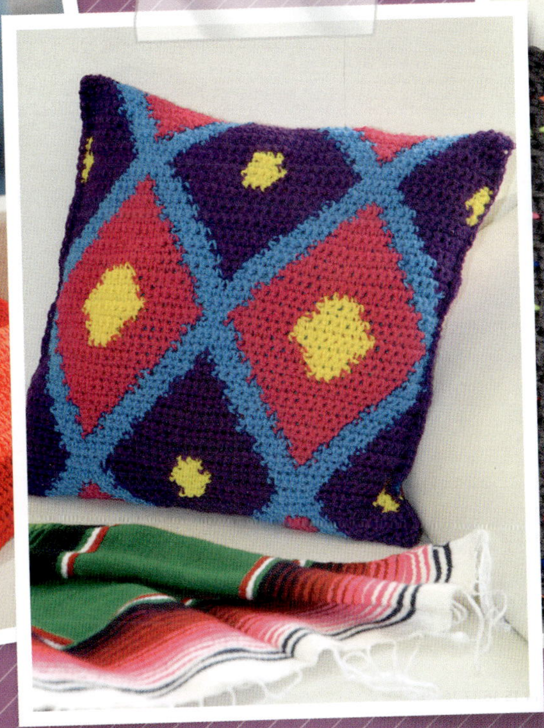

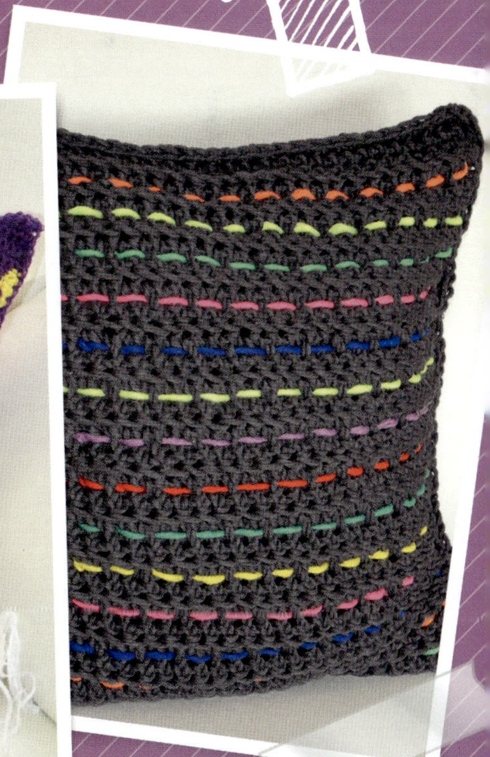

Kissen

mit Rauten

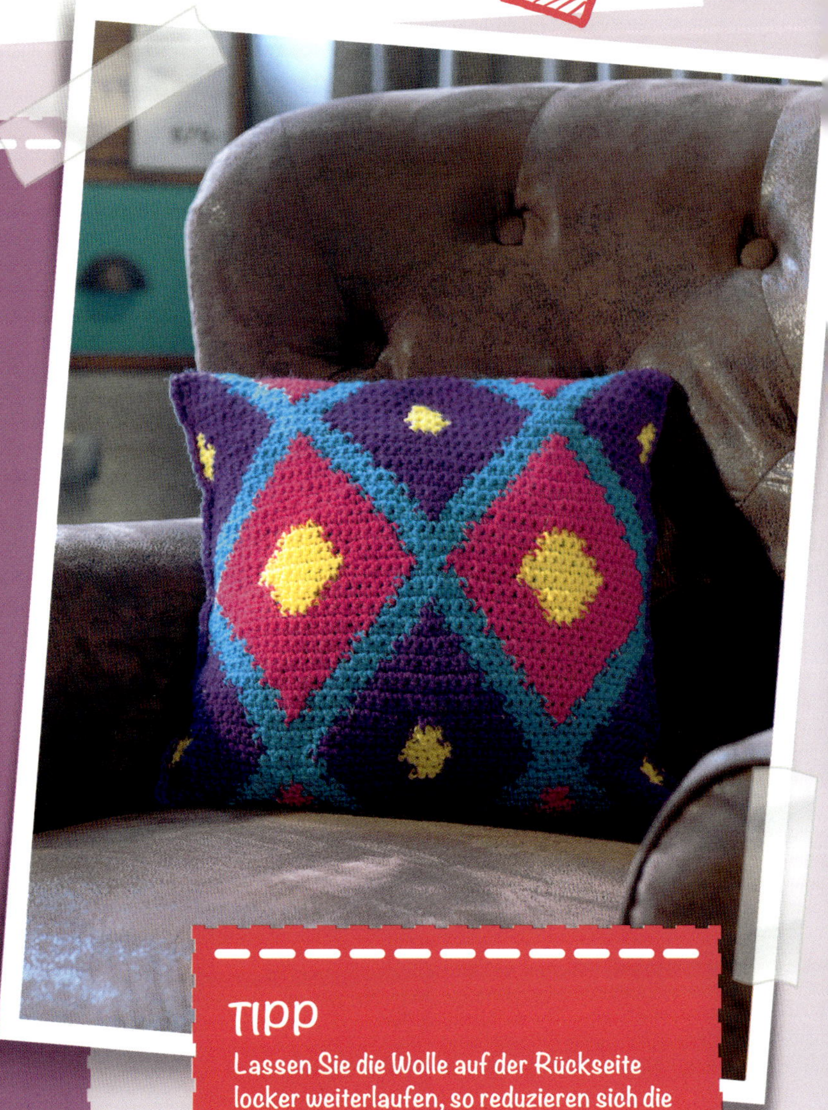

Schwierigkeitsgrad
schwierig

Größe
ca. 30 x 30 cm

Maschenprobe
Mit Häkelnadel Nr. 2,5 in festen Maschen gehäkelt; 18 Maschen und 21 Reihen = 10 x 10 cm

Material
100 g Wolle Regia Trend Point/ Schachenmayr, Farbe: 06612, gelb
100 g Wolle Regia Trend Point/ Schachenmayr, Farbe: 06614, türkis
100 g Wolle Regia Trend Point/ Schachenmayr, Farbe: 06616, violett
100 g Wolle Regia Trend Point/ Schachenmayr, Farbe: 06617, pink
Häkelnadel Nr. 2,5
Füllkissen und/oder Füllwatte
Sticknadel
Schere

TIPP

Lassen Sie die Wolle auf der Rückseite locker weiterlaufen, so reduzieren sich die zu vernähenden Fäden auf ein Minimum. Achten Sie darauf, dass keine Spannung entsteht.

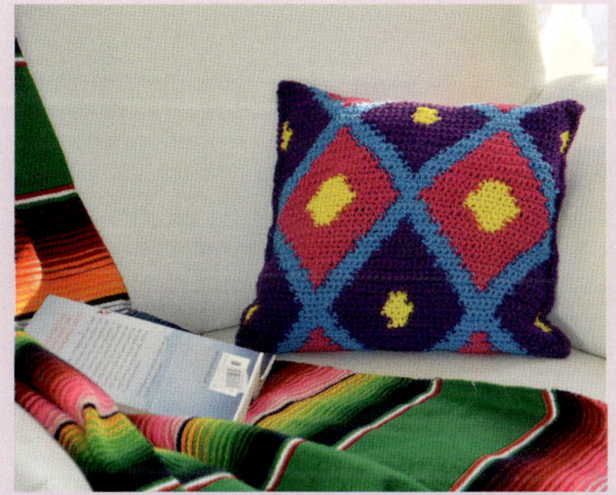

Anleitung

(Abkürzungen und Erklärungen siehe Kapitel Allgemeines, Seite 7 ff.)

Dieses Kissen wird in einem Teil gehäkelt. Schlagen Sie 53 Lm in türkiser Wolle an und häkeln Sie wie folgt:

1. Reihe: 1 Lm und 3 fM gelb, 8 fM violett, 5 fM türkis, 8 fM violett, 5 fM gelb, 8 fM violett, 5 fM türkis, 8 fM violett, 3 fM gelb, (= *53 fM*) wenden.
2.–40. Reihe: Arbeiten Sie nach der Vorlage (Achtung: Mit Reihe 2 weiterarbeiten!). Die Vorlage zeigt in der waagrechten Linie die Anzahl der Maschen und in der senkrechten Linie die Reihen 1–40, 41–80 und 81–120. Jedes Kästchen entspricht einer Masche und einer Farbe. Beginnen Sie jede Reihe mit einer Lm und häkeln Sie in der angegebenen Farbe mit fM weiter. Achten Sie darauf, dass Sie die Masche vor dem Farbwechsel bereits in der neuen Farbe abmaschen (*siehe Kapitel Allgemeines, Seite 12*).
41.–80. Reihe: Häkeln Sie nach der Vorlage (Wiederholung der vollständigen Vorlage).
81.–120. Reihe: Wiederholen Sie erneut den kompletten Abschnitt laut Vorlage. Nach der letzten Masche machen Sie eine Km, schneiden den Faden mit einer Länge von ca. 10 cm ab und ziehen diesen durch die Masche.

Fertigstellung

Vernähen Sie alle Fadenenden mit der Sticknadel auf der Rückseite. Achten Sie darauf, dass Sie die Fäden immer im farblich identen Bereich vernähen.
Häkeln Sie zuerst die Ober- und Unterkante mit Kettmaschen und mit den entsprechenden Farben (beginnend mit Gelb) zusammen. Achten Sie darauf, dass die linke Seite innen liegt (*siehe Kapitel Allgemeines, Seite 14 f.*).
Zum Schließen der Seiten legen Sie den Kissenteil so auf, dass die Naht hinten in der Mitte liegt (*Abb. 103*). Häkeln Sie eine Seite mit festen Maschen und violetter Wolle zusammen.
Stecken Sie die Kissenfüllung hinein und schließen Sie auch die zweite Seite mit festen Maschen. Vernähen Sie die Fadenenden.

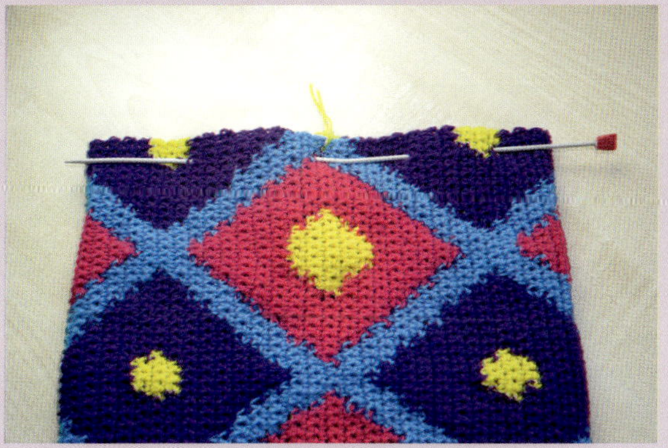

***Abb. 103:** Die Seiten zusammenhäkeln.*

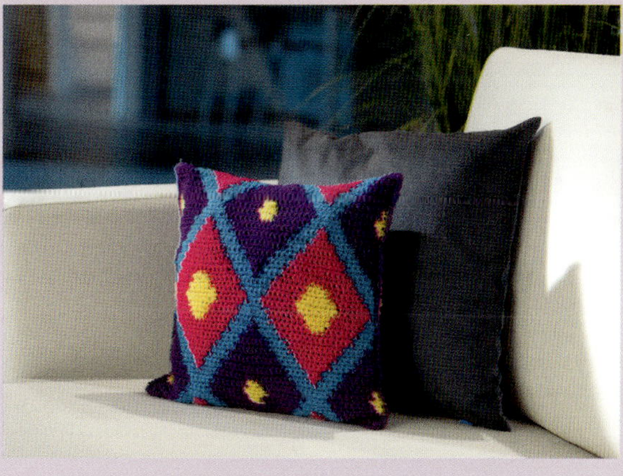

HÄKELVORLAGE

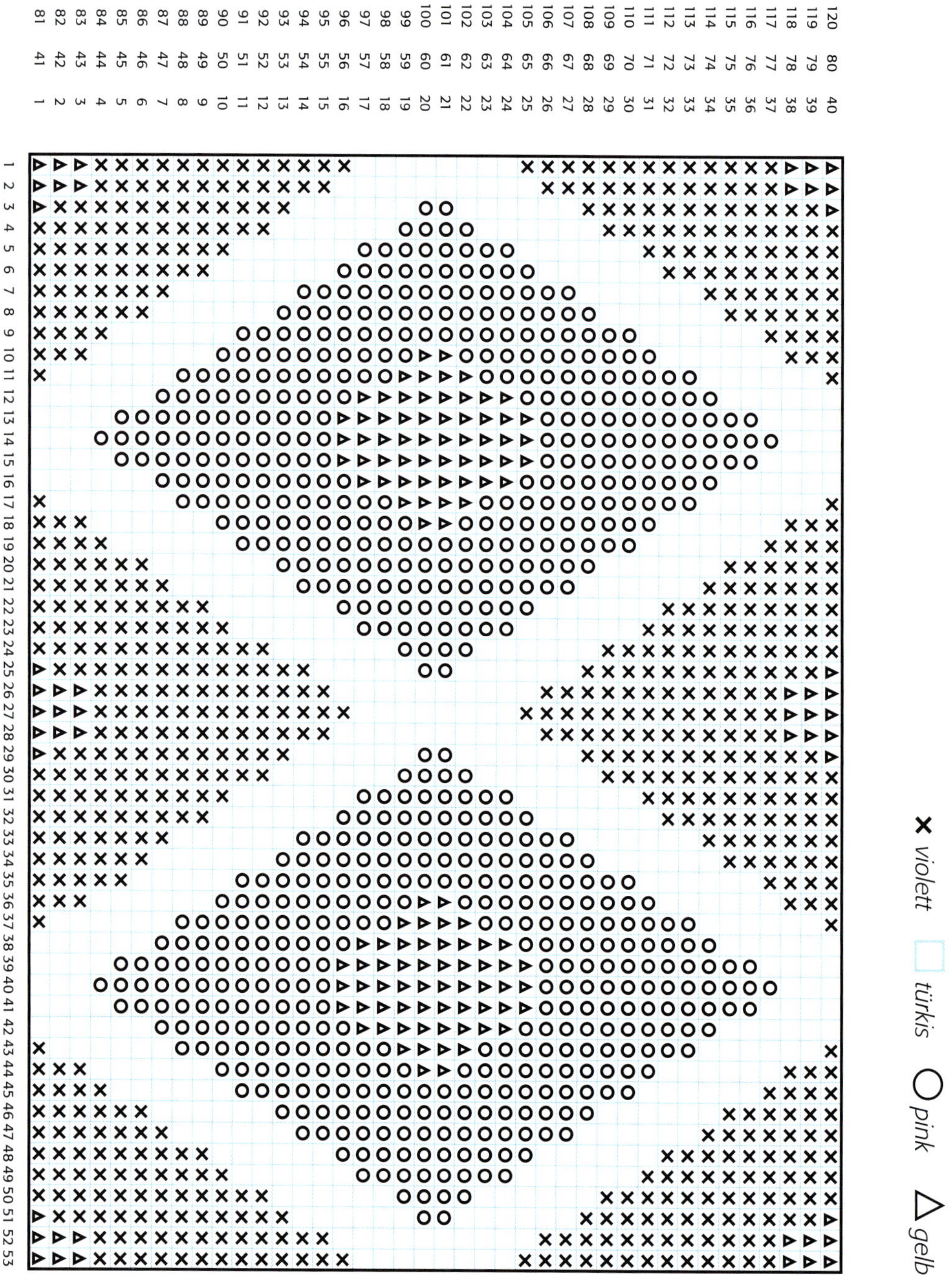

Kissen
mit Neonstreifen

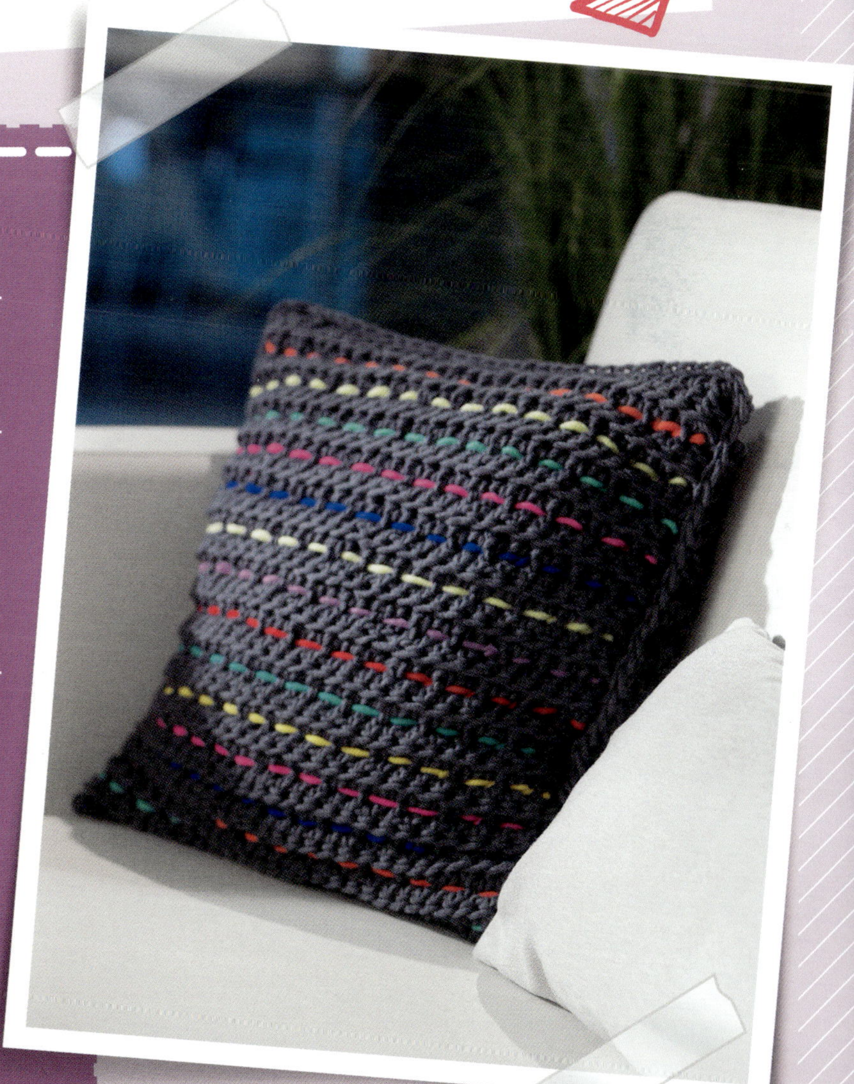

Schwierigkeitsgrad
einfach

Größe
ca. 45 x 45 cm

Maschenprobe
Mit Häkelnadel Nr. 8 in festen Maschen (*im hinteren Maschenglied eingestochen*) gehäkelt; 7 Maschen und 7 Reihen = 10 x 10 cm

Material
200 g Wolle Boston/Schachenmayr, Farbe: 00197 anthrazit
14 Wollfäden in Neonfarben, bunt gemischt, Länge: je 60 cm
Häkelnadel Stärke 8
Häkelnadel Stärke 5 (*zum Zusammenhäkeln*)
Sticknadel oder Haarspange
Füllkissen und/oder Füllwatte
Schere

Anleitung

(Abkürzungen und Erklärungen siehe Kapitel Allgemeines, Seite 7 ff.)

Dieses Kissen wird in einem Teil gehäkelt. Schlagen Sie 30 Lm in Anthrazit an und häkeln Sie wie folgt:
1. Reihe: 1 Lm und je 1 fM in jede Luftmasche anthrazit (= *30 fM*), wenden.
2.–30. Reihe: 1 Lm, 30 fM, wobei Sie die Häkelnadel nur durch das hintere Maschenglied führen (*Abb. 104*), wenden.
Ziehen Sie nach der dreißigsten Reihe von der Seite einen bunten Faden ein und markieren Sie hiermit das Ende der ersten Kissenhälfte.
31.–60. Reihe: 1 Lm, 30 fM, wobei Sie die Häkelnadel nur durch das hintere Maschenglied führen, wenden.

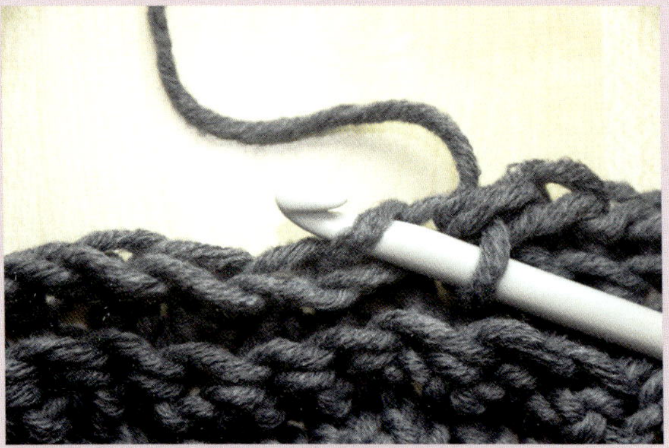

Abb. 104: *Die Häkelnadel durch das hintere Maschenglied führen.*

Nach der letzten Masche machen Sie eine Km, schneiden den Faden mit einer Länge von ca. 10 cm ab und ziehen diesen durch die Masche.

Fertigstellung

Die bunten Fäden werden auf der Rückseite in den höherstehenden Reihen eingezogen. Wenden Sie hierfür den gehäkelten Teil, fädeln Sie den ersten bunten Faden in die Sticknadel/Haarspange und führen Sie diese bei der ersten waagrecht erhobenen Reihe, beginnend vor der ersten Festmasche, nach unten und anschließend wieder nach oben. Wiederholen Sie diesen Arbeitsschritt bis zum Ende der Reihe. Ziehen Sie so auch die restlichen bunten Fäden in der ersten Kissenhälfte ein (*Abb. 105*).
Vernähen Sie alle Fadenenden mit der Sticknadel auf der Rückseite.
Falten Sie den gehäkelten Teil links auf links und häkeln Sie die Ober- und Unterkante mit der Häkelnadel Nr. 5 sowie eine Seite des Kissens mit anthrazitfarbener Wolle und festen Maschen zusammen (*Abb. 106, siehe Kapitel Allgemeines, Seite 15*). Stecken Sie die Kissenfüllung hinein und schließen Sie auch die letzte Seite mit festen Maschen. Vernähen Sie die Fadenenden.

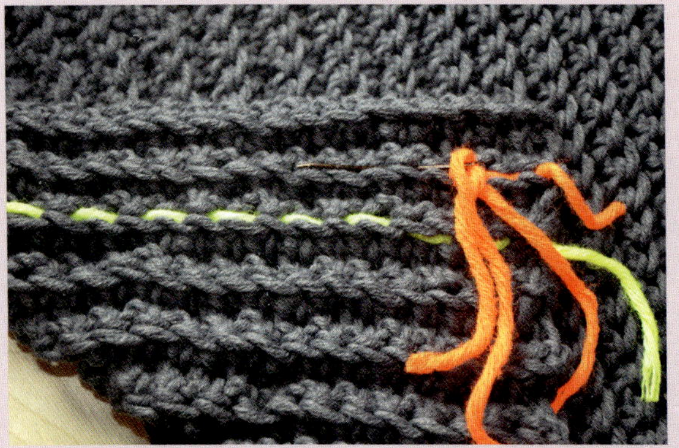

Abb. 105: *Bunte Fäden auf der Rückseite einziehen.*

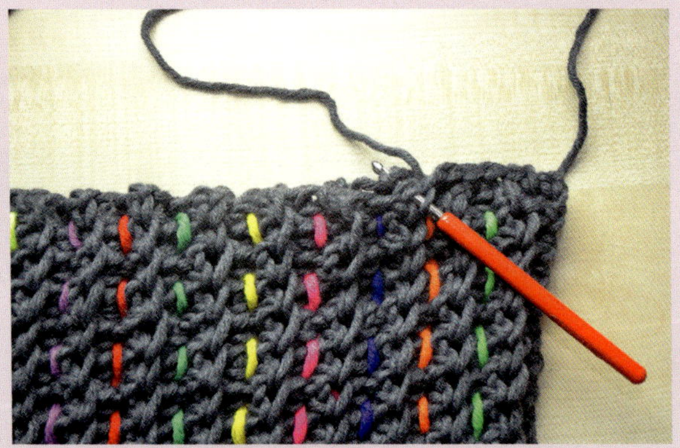

Abb. 106: *Das Kissen schließen.*

Pyramiden-
Dreiecks-Kissen

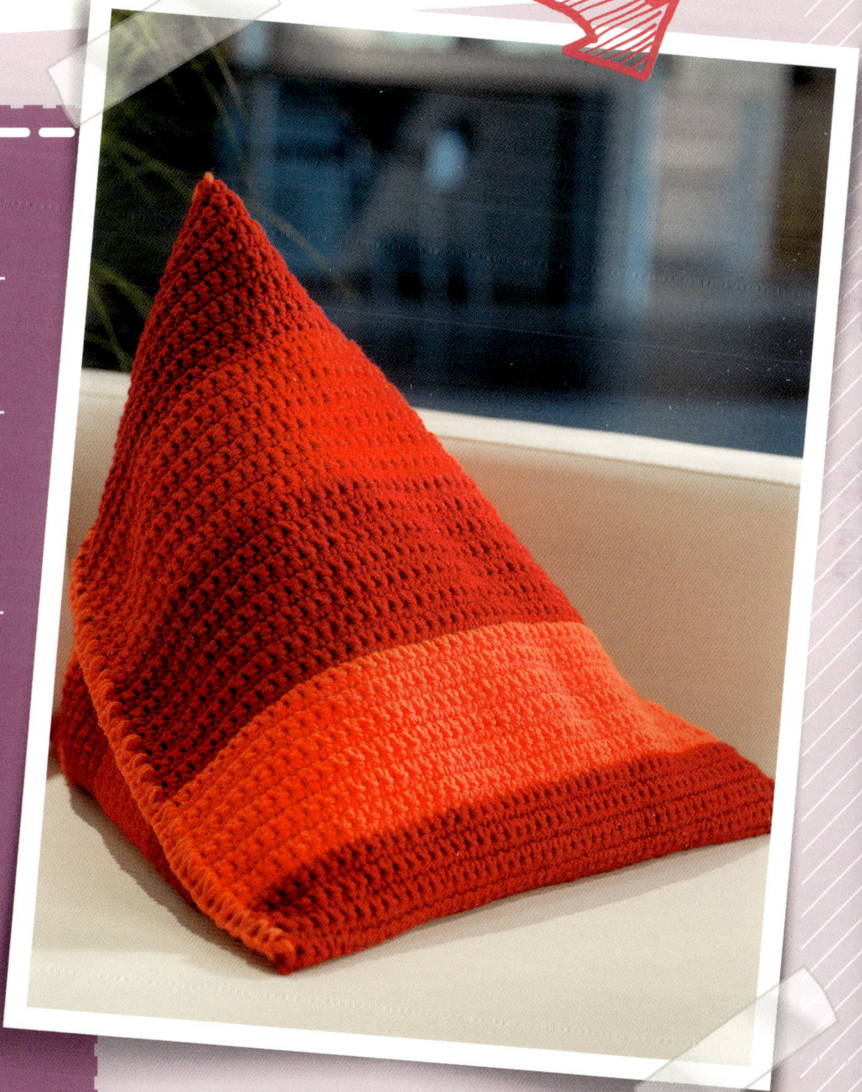

Schwierigkeitsgrad
einfach

Größe
ca. 50 x 50 x 45 cm

Maschenprobe
Mit Häkelnadel Nr. 5 in festen Maschen gehäkelt; 11 Maschen und 12 Reihen = 10 x 10 cm

Material
300 g Wolle Boston/Schachenmayr, Farbe: 00031, cayenne
100 g Wolle Boston/Schachenmayr, Farbe: 00030, feuerrot
100 g Wolle Boston/Schachenmayr, Farbe: 00122, orange
Häkelnadel Stärke 5
Füllwatte
Sticknadel
Schere